3단계 초록

로직아이 샘

펴내는 글 & 일러두기

로직 있는 아이들 위하여…

독서는 감동입니다. 감동은 집중력을 높여 줍니다. 어렸을 때 감동하면서 책을 읽은 아이들이 다른 일도 잘합니다.

독서는 핵심입니다. 핵심을 파악해야 발전합니다. 모든 사건에는 핵심이 있고 모든 일은 핵심을 중심으로 전개됩니다. 독서는 전체의 흐름과 핵심 파악에 도움을 줍니다.

독서는 꿈입니다. 독서는 꿈의 실현이 아니라 꿈을 꾸게 하는 다리입니다. 꿈을 꾸는 사람만이 꿈을 이룰 수 있습니다.

독서는 미래이고 희망입니다. 병들기 전에 병을 치료하는 일이 좋은 일이듯, 문제가 발생하지 않도록 하는 일이 중요합니다. 독서는 병들기 전에 치료하는 최고의 보약입니다.

〈로직아이〉는 모든 선생님과 학부모 그리고 대한민국 모든 아이들이 건강하고 행복하기를 기원합니다.

집필자들을 대신하여
(주) 로직아이 리딩교육원 원장 박우현

교재의 특징

이 교재는 독서지도를 위한 교재입니다. 그러나 이 교재의 사용은 자연스럽게 글쓰기 논술 실력도 늘게 할 것입니다.

이 책에는 해당 책을 이용한 PSAT[공직 적격성 평가(행정 고시 1차 시험)] 형식의 문제가 수록되어 있습니다. 아이들에게 대입 수능 시험에 친근한 느낌을 갖게 할 것입니다.

교재 사용 방법

1. 이 교재를 사용하기 위해서는 반드시 가르치는 사람과 아이들은 해당 책을 읽어야 합니다. 그 후에 교재 속의 문제들을 풀게 되면 그것만으로도 그 책을 다시 한 번 읽는 셈이 됩니다.
2. 단계별로 구성되어 있기는 하지만 아이들의 성향이나 독서능력에 따라 자유롭게 활용해도 무방합니다.
3. 각각의 교재는 6권의 책으로 구성되어 있지만, 그 순서는 교사나 학부모가 정할 수 있습니다. 아이들의 취향이나 선생님의 지도방법에 따라 선택 지도할 수 있습니다.

〈감사의 말씀〉 이 교재 속에 수록된 텍스트와 이미지 사용을 허락해 준 모든 출판사에 감사드립니다.

목 차

집 안 치우기
4쪽

기차 할머니
14쪽

너는 특별하단다
24쪽

오늘이
34쪽

책 씻는 날
44쪽

마법의 설탕 두 조각
54쪽

집 안 치우기

고대영 글 | 김영진 그림 | 길벗어린이

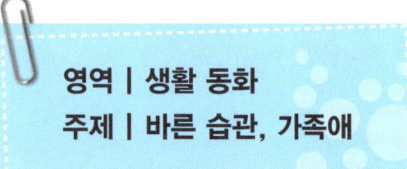

영역 | 생활 동화
주제 | 바른 습관, 가족애

1. 정리정돈 습관의 중요성을 알고 정리하는 습관을 기를 수 있다.
2. 부모님의 사랑을 깨닫고 효심을 기를 수 있다.

줄거리

　엄마가 잠시 외출한 사이 지원이와 병관이는 신이 나서 집안 여기저기 잔뜩 어지르며 마음껏 논다. 집으로 돌아온 엄마는 어질러진 집안을 보고 치우라고 하는데 지원이는 집안 정리를 하지만 병관이는 좀처럼 말을 듣지 않는다. 엄마는 말을 듣지 않는 병관이에게 화가 나서 집을 나가라고 하고 이 말을 들은 병관이는 집을 나간다. 집을 나간 병관이는 여러 궁리 끝에 결국 다시 집으로 돌아온다. 병관이는 엄마가 지어 준 따뜻한 밥을 먹고 집안 정리하는 요령을 배우며 정리정돈을 한다.

도서 선정 이유

　일상생활 속에서 흔히 접할 수 있는 사건을 통해 독자들의 공감대를 얻어 아이들에게 정리정돈의 중요성을 일깨워 줄 수 있다. 이와 더불어 정리정돈하는 습관을 기를 수 있으며 그 과정에서 가족의 사랑을 재정립할 수 있다.

1 뜻 풀이에 맞는 단어를 초성에 맞게 써 보세요.

- ㉠ 일을 하는 데 꼭 필요한 이치.　　ㅇㄹ　→ _____
- ㉡ 집이나 회사에서 일을 보러 밖으로 나감.　　ㅇㅊ　→ _____
- ㉢ 여럿이 마구 뒤섞여 엉망이 된 상태.　　ㄷㅈㅂㅈ　→ _____
- ㉣ 배를 타고 다니면서, 다른 배나 해안 지방을 습격하여 재물을 빼앗는 바다 강도의 배.　　ㅎㅈㅅ　→ _____
- ㉤ 바둑판 위에 흑돌과 백돌을 놓아두고 서로 번갈아가면서 손가락으로 튕겨 상대방의 돌을 떨어뜨리는 놀이.　　ㅇㄲㄱ　→ _____

2 집안을 정리정돈하면 어떤 점이 좋을까요?

_____

_____

3 집안을 정리하는 여러분만의 방법이 있나요?

_____

_____

책을 다시 읽는 아이들

1 엄마가 외출하고 난 후 지원이와 병관이가 한 일을 순서대로 재구성해 보세요.
(3, 6, 8, 10쪽)

① 세계 일주 놀이　② 알까기 놀이　③ 피아노 수업　④ 토스트 구워 먹기

☐ ⇒ ☐ ⇒ ☐ ⇒ ☐

2 엄마가 집으로 돌아오니 집안은 어떻게 되어 있었나요? (13쪽)

_____

3 병관이가 말을 듣지 않자 엄마가 다른 데 가서 살라고 했어요. 그때 병관이는 어떻게 했나요? (18쪽)

_____

4 다음 그림을 보고 등장인물들의 마음을 표현해 보세요. (19쪽)

엄마
_____

누나(지원이)
_____

병관이
_____

5 병관이는 놀이터에서 무엇을 만들었나요? (24~25쪽)

6 집으로 돌아온 병관이를 보고 엄마는 어떤 태도를 보였나요? (32쪽)

7 갈 곳 없는 병관이가 집에 들어와서 어떻게 했나요? (35쪽)

8 저녁밥을 먹고 엄마가 병관이에게 가르쳐 준 것은 무엇인가요? (35쪽)

1 알까기 놀이를 하고 난 후 병관이는 세계 일주 놀이 기구를 찾습니다. 병관이는 다른 상자들이 와르르 무너지고 난 후 세계 일주 놀이 기구를 찾아냅니다. 이것을 보고 우리는 무엇을 알 수 있나요?

2 엄마는 왜 밑줄 친 부분과 같이 말했을까요?

> "병관아! 누나하고 함께 치워야지."
> "저 블록 더 만들어야 해요."
> "그건 나중에 만들고, 누나랑 먼저 거실 치워."
> "그럼, 이거 이대로 놔둬도 돼요?"
> "방도 청소기 돌려야 하니까 다음에 하고 치워라."
> "이거 다시 만들려면 힘든데, 다 만들고 치울게요."
> "엄마 말 안 들을래? 빨리 치워."
> "그래도……." 병관이는 끝내 만들던 블록을 만지작거리고 있습니다.
> "얘가 왜 이렇게 고집을 부려. 엄마 말 안 들을 거면 나가!"
> "네?"
> <u>"엄마 말 안 듣고, 네 고집대로 하려면 다른 데 가서 살아!"</u>
> 엄마 말씀에 병관이는 블록을 주섬주섬 챙깁니다.
>
> 본문 16~18쪽에서

3 밑줄 친 '퇴근'과 같이 시간적 배경을 알 수 있는 것은?

> "안녕하세요." 병관이는 <u>퇴근</u>하시는 슬기 아빠에게 인사를 합니다.
> "병관이, 아빠 마중 나왔니?"
> "네."
> 슬기 아빠는 머리를 한 번 쓰다듬고 가십니다. 병관이도 슬기 아빠를 따라 발걸음을 집으로 옮깁니다.
>
> 본문 30쪽에서

① 누나는 나의 선물을 받고 환한 미소를 지었다.
② 시원한 바람이 솔솔 불어와서 머릿속을 상쾌하게 해 준다.
③ 검은 빛이 뉘엿뉘엿 지더니 곧 밤하늘에 황금빛 별이 반짝였다.
④ 파란 하늘을 바라보며 걷기도 하고 달리기도 하며 끊임없이 도전했다.
⑤ 엄마의 손을 살포시 잡고 있으니 어느새 마음이 따뜻해져서 서운했던 마음이 사라졌다.

4 엄마에게 방을 정리하는 요령을 배운 병관이는 정리정돈을 시작합니다. 그런데 쉽게 정리정돈을 하지 못하고 있어요. 그 이유가 무엇일까요?

1 아래 글로부터 이끌어 낼 수 있는 병관이의 마음은?

"딩동" 하고 벨이 울립니다. 병관이입니다.
"아빠, 언제 오세요?"
"오늘 모임 있어서 늦는다고 하셨다."
"저녁은 언제 먹어요?"
"이제 먹을 거다. 지원아 밥 먹자."
병관이는 현관에서 나가지 않고 서성이고 있습니다.
엄마하고 지원이는 병관이 보란 듯이 맛있게 저녁밥을 먹습니다.
병관이는 배가 고팠습니다.

 본문 30쪽에서

① 엄마는 지원이만 사랑한다.
② 병관이는 아버지가 보고 싶다.
③ 엄마와 지원이는 저녁밥을 맛있게 먹는다.
④ 엄마는 병관이를 제쳐두고 지원이와 저녁밥을 먹는다.
⑤ 병관이는 지원이처럼 엄마와 함께 저녁밥을 먹고 싶다.

문·해·력·신·장·과·P·S·A·T·맛·보·기

 다음 글을 읽고 물음에 답하세요(2~3).

> 저녁밥을 먹고 병관이는 방을 정리합니다. 엄마가 들어오셔서 정리하는 요령을 알려 주십니다. 자주 갖고 노는 것은 꺼내기 쉬운 곳에, 자주 갖고 놀지 않는 것은 안쪽에. <u>그리고</u> 이제는 안 갖고 노는 장난감은 상자에 담아 치우자고 하셨습니다.
>
> 본문 35쪽에서

2 밑줄 친 단어와 의미가 다른 것은?

① 엄마와 누나 그리고 나는 함께 소풍을 갔다.
② 내가 좋아하는 과일은 오렌지, 사과 그리고 파인애플이다.
③ 나는 또 한 번 깊이 생각했다. 그리고 다시 시작하기로 결심했다.
④ 나와 형 그리고 엄마는 누나의 졸업식에 참석해서 졸업을 축하해 줬다.
⑤ 나는 이번 방학에 책을 많이 읽기로 마음먹었다. 그리고 한자 공부도 열심히 하기로 결심했다.

3 위 글의 제목으로 알맞은 것은?

① 정리정돈의 가치
② 정리정돈의 순서
③ 정리정돈의 필요성
④ 정리정돈하는 방법
⑤ 정리정돈을 하는 가족

집 안 치우기 | 11

1. 엄마가 외출한 후에 병관이가 더 재미있게 놀 수 있는 놀이를 알려 줘 보세요.

2. 집안에 어른들이 없을 때 음식을 만들어 먹거나 놀이 기구를 가지고 놀 때는 어떻게 해야 할까요?

3. 현관에 서 있는 병관이의 모습이 거울에 비추어져 있네요. 왠지 시무룩해 보이고 속상해 보이네요. 여러분도 거울 앞에 한번 서 보세요. 거울 속에 비친 여러분의 모습은 어떠한 모습인가요?

책·을·내·것·으·로·만·드·는·아·이·들

4 병관이가 집에 돌아오자 엄마는 맛있는 밥과 반찬을 만들어 놓았어요.
매일매일 식사를 준비하는 엄마를 여러분이 어떻게 도와줄 수 있나요?

5 우리 주변에는 정리정돈을 직업으로 하는 사람이 있습니다. 어떤 직업이
있을까요?

집 안 치우기 | 13

기차 할머니

파울 마르 글 | 프란츠 비트캄프 그림 | 유혜자 옮김
토끼섬

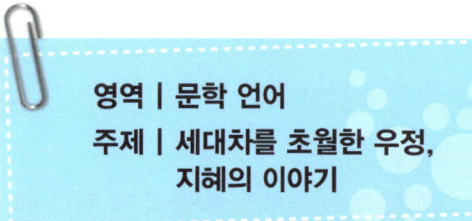

영역 | 문학 언어
주제 | 세대차를 초월한 우정, 지혜의 이야기

1. 세대 간의 차이를 좁힐 수 있다.
2. 지혜로운 할머니의 이야기를 통해 깨달음을 얻을 수 있다.
3. 다양한 이야기 놀이를 통해 언어 발달을 촉진시킬 수 있다.

줄거리

울리는 태어나서 처음으로 혼자 기차를 타고 이모님 댁으로 간다. 울리는 재미있게 놀 친구들과 함께 가고 싶었지만 낯선 할머니와 마주앉아 가게 되어 기분이 좋지 않았다. 그러나 마주앉은 할머니가 자상하게 울리를 도와주고, 불안해하는 울리의 마음을 인자하게 다독거려 주어 생각이 달라진다. 기차 여행 내내 울리는 처음 해 보는 재미있는 글자 놀이와 할머니의 어린 시절 이야기로 인해 시간이 언제 흘러갔는지 느끼지 못할 만큼 흥미진진하게 보낸다.

도서 선정 이유

처음으로 혼자 여행하는 울리를 통해 어린이들이 어려운 상황을 스스로 대처할 수 있는 자립심을 키울 수 있고, 이 책에 등장하는 울리와 할머니와의 우정을 통해 어린이들이 어른들과 어떻게 소통해야 하는지 그 방법을 배우고 이해할 수 있다.

1 책 속에 나오는 어휘입니다. 올바른 뜻을 찾아 바르게 연결해 보세요.

이종사촌	•	•	해결되지 않은 일 때문에 속 태우거나 우울해하는 것
근심	•	•	정거장이나 정류소에서 차를 타고 내리는 곳
승강장	•	•	이모의 아들이나 딸을 이르는 말
짓궂다	•	•	엉덩이를 중심으로 한 몸의 뒷부분. 사물의 맨 뒤나 맨 끝
꽁무니	•	•	조마조마하여 마음을 졸임
조바심	•	•	장난스럽게 남을 괴롭고 귀찮게 한다

2 뜻 풀이에 맞는 단어를 보기에서 골라 써 보세요.

보기

흥분   곰곰이   골똘히   딴청   마지못해   기꺼이   승무원   기장

① 이리저리 깊이 생각하는 모양.

② 어떤 일을 하는 데 그 일과는 전혀 관계없는 일이나 행동.

③ 어떤 자극을 받아 감정이 북받쳐 신경이 날카로워짐.

④ 마음이 내키지는 않으나 그렇게 하지 않으려 해도 그럴 수 없어서.

⑤ 기차나 비행기를 타고 갈 때 승객에 관한 사무를 맡아서 하는 사람.

1 울리는 방학하면 무엇을 할 것이라고 생각했나요? (11쪽)

2 울리는 헬가 이모네 집으로 여행을 떠납니다. 누구와 함께 가나요? (17쪽)

3 울리는 자기가 어디에서 내려야 하는지 모를 경우에 어떻게 하면 된다고 이야기했나요? (22쪽)

4 기차에 탄 울리가 기분이 좋지 않았던 이유는 무엇이었나요? (39쪽)

5 차표가 없어진 울리를 도와준 사람은 누구였나요? (49~50쪽)

6 할머니의 이야기 중 경찰관 아저씨에게 한 장난은 무엇인가요? (61쪽)

7 할머니가 쓴 거울 글씨를 바르게 읽으면 어떤 내용인가요? (90쪽)

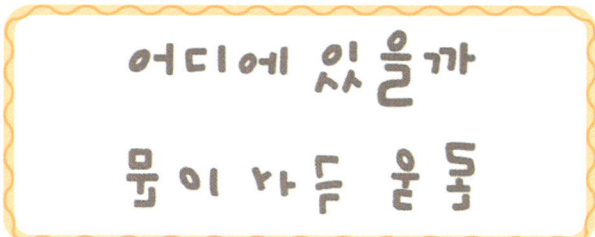

8 할머니가 울리에게 말한 "네가 나한테 주었지만 그래도 아직 너한테 있는 것"이라는 수수께끼의 정답은 무엇인가요? (100쪽)

책을 깊게 읽는 아이들

1 울리는 방학을 맞아 가족과 함께 여행을 가고 싶었지만 혼자 엘가 이모의 집으로 여행을 갑니다. 혼자 여행을 떠날 때 울리의 마음은 어떠했을까요?

2 울리는 처음 만난 할머니와 뮌헨까지 가게 되었을 때 기분이 좋지 않았지요. 울리와 이런 울리의 모습을 본 할머니는 어떤 생각이 들었을까요? 울리와 할머니의 입장에서 말풍선을 채워보세요.

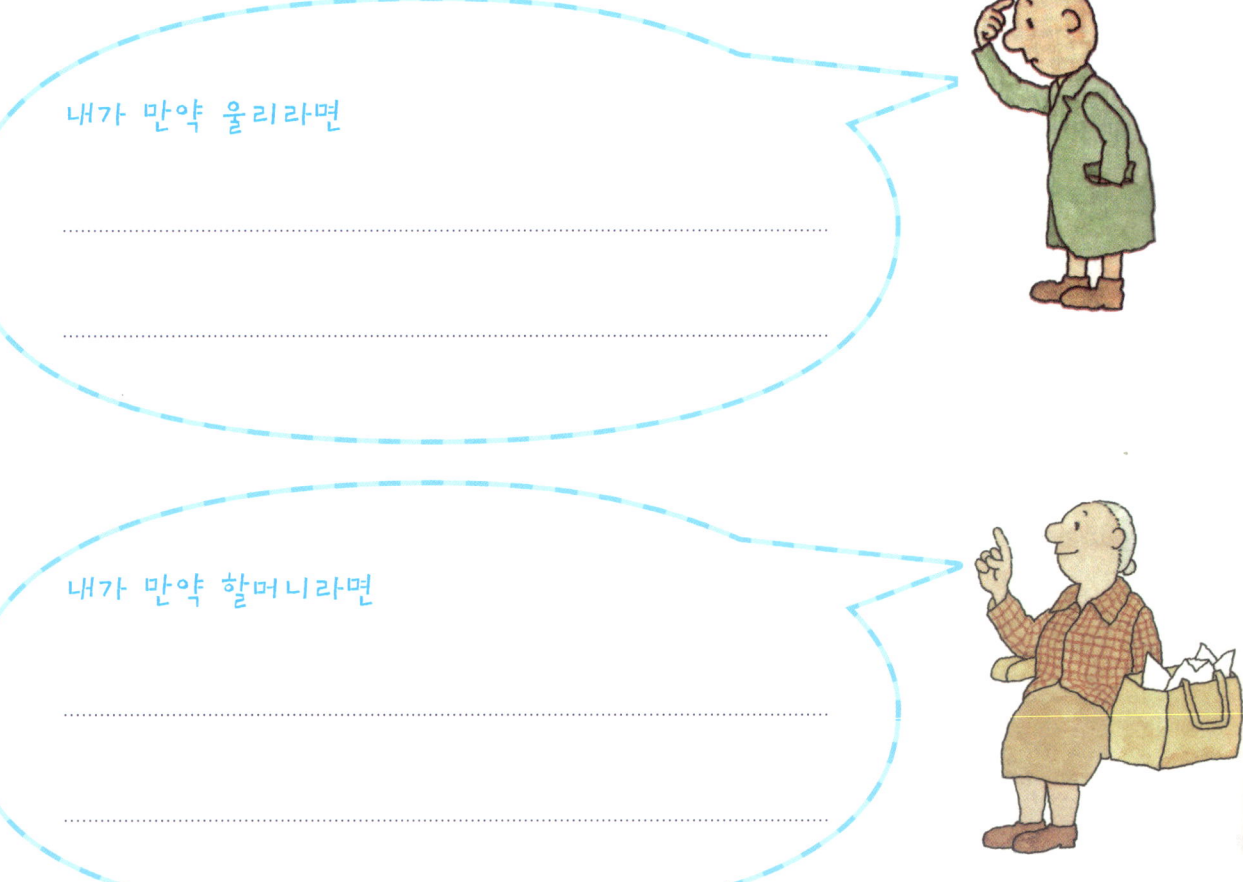

내가 만약 울리라면

내가 만약 할머니라면

3 다음 글을 읽고 밀러 아저씨의 성격에 맞는 표현을 골라 보세요.

> 아저씨가 나타나기만 하면 막냇동생을 숨겼단다.
> 아저씨의 오토바이 소리가 들리면 얼른 화장실에 가둬놓거나, 빈 쓰레기통에 숨겼지.
> 그렇지만 아저씨는 매번 막내를 찾아냈어.
> 그리고 알고 싶은 것들을 다 알아냈단다. 우리가 무슨 짓을 했는지
> 하나도 빠짐없이 막내한테서 알아 낸거야.
>
> 본문 64~65쪽에서

① 온순하다　　② 거만하다　　③ 상냥하다
④ 집요하다　　⑤ 인색하다

4 울리가 할머니와 기차에서 함께한 말짓기놀이를 떠올리며 아래를 완성해 보세요.

> "너 첫 글자에 ㅈ이 들어가는 낱말로 말짓기놀이 잘하는구나."
> "말짓기놀이요?"
> "말짓기놀이는 같은 글자로 시작되는 말을 될수록 많이 넣어서 한 문장으로 만드는 놀이란다."
> "예를 들면 이렇게 하는거야,
> '저기 저 자갈길에 자동차와 자전거가 자기가 제일이라고 자꾸만 자랑한다.'
>
> 본문 74~75쪽에서

【★ 'ㄱ'이 첫 글자인 말짓기놀이 문장 완성하기】

_____

【★ 'ㄴ'이 첫 글자인 말짓기놀이 문장 완성하기】

_____

다음 글을 읽고 물음에 답하세요. (1~2)

"먼저 자리에 앉거라."
할머니가 울리에게 말했어요. 울리는 의자에 앉았어요.
온몸에 힘이 다 빠져나간 것 같았어요.
"그리고 지금부터 잘 생각해 봐, 울리"
할머니가 말했어요. "무턱대고 찾는 것보다 잘 생각하는 것이 더 중요해.
제일 마지막으로 차표를 본 때가 언제였지?"
"마지막으로 본 거요?" 울리가 곰곰이 생각하며 물었어요.
"역에서 엄마가 그것을 갖고 계셨어요.
"그런데 지금 살펴보니 오른쪽 주머니에 그것이 없다고?"

본문 47~48쪽에서

1 할머니와 울리의 대화에서 할머니가 울리에게 해 주고 싶은 이야기와 가장 어울리는 속담은?

① 등잔 밑이 어둡다.
② 바늘 도둑이 소 도둑 된다.
③ 돌다리도 두드려 보고 건너라.
④ 닭 쫓던 개 지붕 쳐다보듯 한다.
⑤ 똥 묻은 개가 겨 묻은 개 나무란다.

2 "무턱대고 찾는 것보다 잘 생각하는 것이 더 중요해."라는 말의 목적으로 가장 적절한 것은?

① 그래야 생각을 잘할 수 있다.
② 방법이 적절해야 쉽게 찾을 수 있다.
③ 잃어버린 것을 찾는 것이 가장 중요하다.
④ 목적이 있어야 올바른 행동을 할 수 있다.
⑤ 찾아야겠다는 결과보다 열심히 찾는 것이 중요하다.

3 ㉠의 결과로서 적절하지 <u>않은</u> 것은?

철길 옆을 계속 따라가는 도로에 빨간 자동차가 달리고 있었어요.
자동차 운전사가 기차와 함께 시합을 벌이는 것 같았어요.
자동차와 기차가 거의 비슷한 속도로 갈 때도 많았어요.
자동차가 조금 더 빨리 가서 앞장 설 때도 있었어요.
그런데 길이 급커브로 꺾였어요.
운전사가 급브레이크를 밟는 바람에 기차보다 한참 뒤로 쳐졌어요.

본문 40~41쪽에서

① 기차의 속도
② 자동차의 기능
③ 급커브 길의 주의점
④ 기차와 자동차의 시합
⑤ 자동차를 정지하는 방법

1 여러분이 울리처럼 혼자 여행을 간다면 어떤 마음가짐으로 가야 할까요?

2 여행 출발 전에 울리처럼 사람의 겉모습을 보고 판단하는 행동은 옳을까요? 옳지 않을까요? 여러분이 울리라고 생각하고 찬성, 반대의 두 입장에 대한 여러분의 생각을 이야기해 보세요.

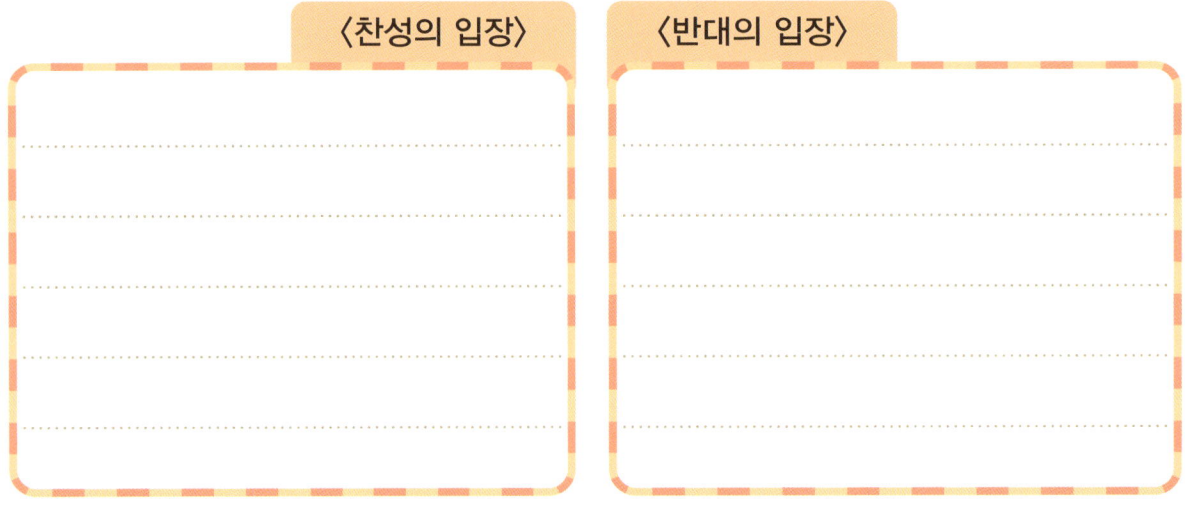

3 평소에 어른들을 대하면 어떤 생각이 드나요? 할머니와 울리처럼 어른들과의 관계에서 소통할 수 있는 여러분만의 방법이 있을까요? 어른들과 함께할 때 어떻게 행동해야 하는지 여러분의 생각을 이야기해 주세요.

4 울리처럼 혼자 여행을 가면 꼭 챙겨 가고 싶은 것은 무엇인가요? 가져가고 싶은 것을 그림으로 표현하여 보세요.

5 여러분이 울리와 브뤼크너 할머니와 같이 기차 안에서 놀이를 한다면 어떤 놀이를 할 수 있을지 생각해 보고 그 놀이 방법을 설명해 주세요.

너는 특별하단다

맥스 루케이도 글 | 세르지오 마르티네즈 그림
아기장수의 날개 옮김 | 고슴도치

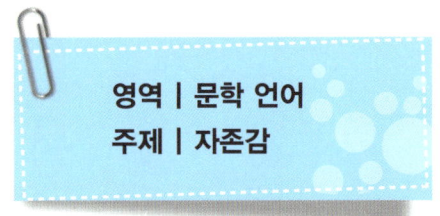

영역 | 문학 언어
주제 | 자존감

자신의 소중함을 알고 자신감을 가질 수 있다.

줄거리

웸믹들은 목수 아저씨 엘리가 만든 나무 사람들이다. 웸믹들은 좋다고 생각하면 금빛 별표를, 나쁘다고 생각하면 잿빛 점표를 서로에게 붙여 준다. 펀치넬로는 항상 잿빛 점표를 받아 속상했는데, 별표도 점표도 붙어 있지 않은 루시아를 만난 후 엘리 아저씨를 찾아 간다. 엘리 아저씨는 펀치넬로에게 너는 아주 특별하고 소중하니 남들의 생각에 신경 쓰지 말라고 말한다.

도서 선정 이유

요즘 아이들은 일등이나 상 받는 것 등 다른 사람들의 평가에 대해 신경을 많이 쓴다. 다른 사람의 평가가 자신감을 떨어뜨리고 자아 존중감에 상처를 주기도 한다. 우리는 이 책을 통해 다른 사람의 생각과 평가보다 자아를 존중하는 마음이 더욱 중요하다는 것을 배울 수 있다.

1 뜻 풀이에 맞는 단어를 보기에서 찾아 써 보세요.

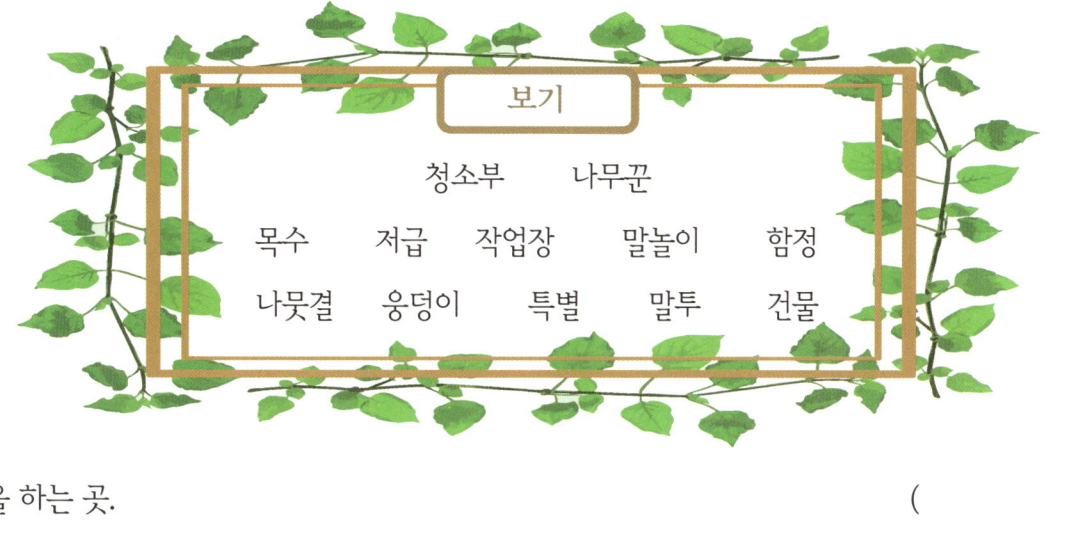

보기

청소부   나무꾼
목수   저급   작업장   말놀이   함정
나뭇결   웅덩이   특별   말투   건물

㉠ 일을 하는 곳.   (   )

㉡ 말을 하는 버릇.   (   )

㉢ 보통과 구별되게 다름.   (   )

㉣ 움푹 파여 물이 괴어 있는 곳.   (   )

㉤ 세로로 자른 나무의 면에 나타나는 무늬. 주로 나이테 때문에 생긴다.   (   )

㉥ 나무를 가지고 집을 짓거나 가구, 기구를 만드는 일을 직업으로 하는 사람.   (   )

2 우리는 상을 받거나 벌을 받을 때가 있어요. 상을 받거나 벌을 받을 때 어떤 생각을 했는지 말해 보세요.

1 엘리라는 목수 아저씨가 만든 웸믹은 무엇인가요? (7쪽)

2 웸믹들은 겉모습 때문에 각각 다른 표를 받기도 했어요. 각각 어떤 표를 받았는지 써 보세요. (9쪽)

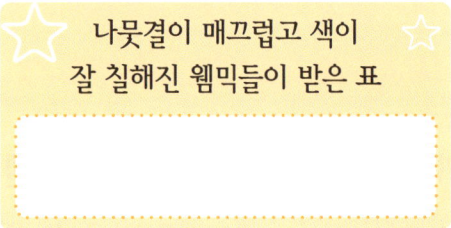

나뭇결이 매끄럽고 색이 잘 칠해진 웸믹들이 받은 표

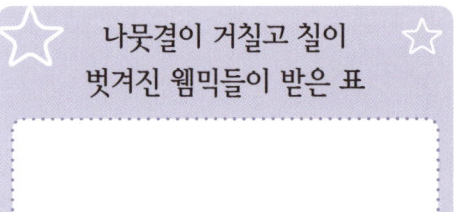

나뭇결이 거칠고 칠이 벗겨진 웸믹들이 받은 표

3 금빛 별표를 받은 웸믹이 아닌 것은 무엇인가요? (13쪽)

① 말투가 우스꽝스러운 웸믹
② 어려운 단어를 줄줄 외는 웸믹
③ 노래를 아름답게 부를 줄 아는 웸믹
④ 높은 상자를 훌쩍 뛰어넘을 수 있는 웸믹
⑤ 무거운 것을 번쩍 들어 올릴 만큼 힘이 센 웸믹

4 펀치넬로는 높이 뛰려다가 넘어지고 몸에 상처가 났어요. 그래서 펀치넬로는 어떤 표를 받았나요? (13쪽)

5 웸믹들이 펀치넬로를 보며 좋은 나무 사람이 아니라고 수군대었어요. 그러자 펀치넬로는 자기 자신을 어떻게 생각하게 되었나요? (15쪽)

---

6 펀치넬로가 만난 아이는 별표나 점표가 없었어요. 그 아이는 누구인가요? (17쪽)

7 펀치넬로가 빨리 걷지도 못하고, 높이 뛰어오르지도 못하는데도 엘리 아저씨는 펀치넬로가 어떤 나무 사람이라고 했는지 ☐ 안에 알맞은 말을 써보세요.

> "펀치넬로, 남들이 어떻게 생각하느냐가 아니라
> 내가 어떻게 생각하느냐가 중요하단다.
> 난 네가 아주 ☐☐☐☐☐ 고 생각해." (25쪽)

8 엘리 아저씨가 자기를 만들었고 아주 특별하다고 한 말이 맞을지도 모른다고 생각하는 바로 그 순간 펀치넬로에게 어떤 일이 생겼나요? (31쪽)

1 웸믹들이 붙이는 금빛 별표와 잿빛 점표는 우리 생활에서 어떤 것들에 해당할까요?

금빛 별표 _____

잿빛 점표 _____

2 넘어져서 나무 몸에 상처가 나면 더 많은 점표를 붙였고, 왜 넘어졌는지 설명하려고 하는 말투가 우스꽝스럽다고 또다시 점표를 붙였어요. 그때 펀치넬로는 무슨 말을 하고 싶었을지 말풍선에 써 보세요.

3 펀치넬로가 밖에 나가도 점표가 많이 붙은 이들하고만 어울리는 게 왜 더 마음이 편했을지 그 까닭을 이야기해 보세요.

_____

_____

4 "저건 옳지 않아."라고 혼자 중얼거린 말에 담긴 펀치넬로의 생각을 추측해 보세요.

펀치넬로는 집으로 돌아왔어.
그리고 창가에 앉아 오래도록
웸믹들이 서로에게 별표와 점표를 붙이느라
몰려다니는 것을 바라보았어.
"저건 옳지 않아."
펀치넬로는 혼자 중얼거렸어.

본문 21쪽에서

---

5 ㉠ 대신 쓸 수 있는 말은?

> 펀치넬로는 좁은 길을 따라 언덕 위로 올라가 커다란 작업장 안으로 들어갔어. 모든 게 너무나 커서 ㉠<u>눈이 동그래졌지.</u> 작업용 의자가 펀치넬로의 키만 했고, 발돋움을 해야 겨우 보이는 작업대 위에는 팔 길이만 한 망치가 놓여 있었어. 펀치넬로는 침을 꿀꺽 삼키고 몸을 돌렸어.
>
> 본문 29쪽에서

① 매우 우스웠어요. ② 몹시 놀랐어요. ③ 정말 재미있었어요.
④ 무척 즐거웠어요. ⑤ 참 궁금했어요.

6 ㉠의 표정은 어떤 표정일까요?

> "왜냐하면, 내가 널 만들었기 때문이지. 너는 내게 무척 소중하단다."
> 지금까지 그 누구도 펀치넬로를 엘리 아저씨처럼, ㉠<u>자기를 만든 이 목수와 같은 표정으로</u> 바라본 적은 없었어.
>
> 본문 27쪽에서

① 놀라는 표정 ② 의심하는 표정 ③ 화가 난 표정
④ 어이없어하는 표정 ⑤ 사랑스러워하는 표정

1 나무 사람 웸믹에게 일어난 일을 사람에 빗대어 말한다면, 밑줄 친 내용을 잘못 설명한 것은?

> ㉠ 나뭇결이 매끄럽고 색이 잘 칠해진 웸믹들은 항상 별표를 받았어. 하지만 ㉡ 나뭇결이 거칠고 칠이 벗겨진 웸믹들은 늘 잿빛 점표를 받았지. ㉢ 재주가 뛰어난 웸믹들도 별표를 받았어. 무거운 것을 번쩍 들어올릴 만큼 힘이 세거나, 높은 상자를 훌쩍 뛰어넘을 수 있는 웸믹들, ㉣ 어려운 단어를 줄줄 외거나, 노래를 아름답게 부를 줄 아는 웸믹들에겐 앞다투어 별표가 붙었지.
>
> ㉤ 넘어져서 나무 몸에 상처라도 나면 더 많은 점표를 붙였고, 왜 넘어졌는지 설명하려고 하면 말투가 우스꽝스럽다고 또다시 점표를 붙였어.
>
> 본문 9~13쪽에서

① ㉠ – 얼굴이 예쁜 아이
② ㉡ – 얼굴이 미운 아이
③ ㉢ – 알통이 나온 아이
④ ㉣ – 공부를 잘하는 아이
⑤ ㉤ – 장애를 겪고 있는 아이

2 ( )안에 들어갈 단어로 가장 알맞은 것은?

> 아저씨는 몸을 숙여 펀치넬로를 들어서 작업대 위에 앉혔어. 그러고는 펀치넬로의 몸에 ( ) 붙은 점표들을 찬찬히 보며 말했어.
> "흠… 나쁜 표를 많이 받았구나."
>
> 본문 25쪽에서

① 듬성듬성
② 주렁주렁
③ 알록달록
④ 덕지덕지
⑤ 얼기설기

3 아래 글의 제목으로 가장 적절한 것은?

편치넬로는 그중의 하나였어. 그는 남들처럼 높이 뛰어 보려고 애를 썼어. 하지만 늘 넘어지고 말았지. 그러면 웹믹들이 달려들어 너도나도 점표를 붙였어. 넘어져서 나무 몸에 상처라도 나면 더 많은 점표를 붙였고, 왜 넘어졌는지 설명하려고 하면 말투가 우스꽝스럽다고 또 다시 점표를 붙였어.

본문 13쪽에서

① 상처투성이 편치넬로
② 점표만 받는 편치넬로
③ 우스꽝스러운 편치넬로
④ 설명하기 좋아하는 편치넬로
⑤ 높이뛰기를 좋아하는 편치넬로

책을 내 것으로 만드는 아이들

1 웸믹들이 붙이는 금빛 별표와 잿빛 점표를 여러분에게 붙인다면 어떤 경우에 붙일 수 있을까요?

> 금빛 별표 _____

> 잿빛 점표 _____

2 무엇을 잘해서 특별한 것일까요? 아니면 무엇을 잘하지 못해도 특별한 것일까요? 여러분은 어떻게 생각하나요?

3 여러분은 여러분이 다른 아이들보다 못하다고 느낄 때 어떻게 하나요?

4 펀치넬로가 잿빛 점표를 너무 많이 받아서 집 밖에 나가기도 두려워하고 있어요. 여러분의 경험과 엘리 아저씨의 말을 생각해 보고 펀치넬로에게 하고 싶은 말을 써 보세요.

오늘이

서정오 글 | 조수진 그림 | 봄봄출판사

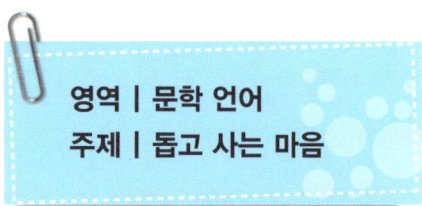

영역 | 문학 언어
주제 | 돕고 사는 마음

목표

1. 신화가 무엇인지 알 수 있다.
2. 자신을 도와준 사람들에 대한 고마움을 알고 보답하는 마음을 배울 수 있다.
3. 자연과 더불어 살아가는 삶을 생각해 볼 수 있다.

줄거리

오늘이는 백주할머니를 통해 부모가 원천강 부모궁에 살고 있다는 말을 듣고 부모를 찾기 위해 모험을 떠난다. 부모를 찾는 데 도움을 준 이들의 부탁을 들어주고 마침내 선녀가 된다.

도서 선정 이유

이 이야기는 제주도의 『원천강 본풀이』라는 신화를 바탕으로 하고 있다. 제주도 신화를 통하여 어려움에 처한 이를 돕는 따뜻한 마음도 배우고, 지혜롭게 처신하는 방법과 서로 돕는 우리 문화의 전통 사상을 알 수 있다.

1 뜻 풀이에 맞는 단어를 초성에 맞게 써 보세요.

① 날아다니는 짐승   ㄴ ㅈ ㅅ → _____

② 급히 뛰어 달려감.   ㄷ ㅇ ㅂ ㅈ → _____

③ 드나드는 문을 지키는 사람.   ㅁ ㅈ ㄱ → _____

④ 기어다니거나 걸어다니는 짐승.   ㄱ ㅈ ㅅ → _____

⑤ 뜻밖에 일어난 걱정할 만한 사고 또는 몸에 생긴 병.   ㅌ → _____

⑥ 강이나 호수의 물처럼 소금기가 없는 물 또는 단맛이 나는 물.   ㄷ ㅁ → _____

⑦ 늘 친하게 어울리는 사람. 짝이 되어 어떤 일을 함께 하는 사람.   ㄷ ㅁ → _____

⑧ 어떤 저주에 의하여 용이 되지 못하고 물속에 산다는 큰 구렁이.   ㅇ ㅁ ㄱ → _____

2 여러분이 알고 있거나 읽어 본 신화가 있나요?

1 이 이야기는 어느 때의 이야기인가요? (3쪽)

2 주인공의 이름은 '오늘이'입니다. 이름을 왜 오늘이라고 지었나요? (3쪽)

3 오늘이의 부모님은 어디에 살고 있었나요? (5쪽)

4 다음 (   )에 들어갈 알맞은 단어는 무엇인가요? (9쪽)

"여기서 북쪽으로 검은 모래땅을 지나 (   )를 알 수 없는 푸른 바다에 가면 길을 가르쳐 줄 이무기가 있을 게다."

5 오늘이가 길에서 만난 이들과 만난 장소 그리고 그들의 부탁을 줄로 연결해 보세요.

장상도령 (6쪽)	거울같이 맑은 연못	삼천 년이 지나도록 왜 용이 못 되는지
연꽃 (9쪽)	푸른 바다	언제까지 여기서 글만 읽고 있어야 하는지
이무기 (11쪽)	소나무 언덕의 정자	바가지를 고쳐 다오
내일아가씨 (13쪽)	단물 솟는 우물	가운데 줄기에만 꽃이 피고 다른 줄기에는 왜 꽃이 피지 않는지
옥황궁 선녀 (15쪽)	복숭아나무 언덕의 정자	언제까지 여기서 글만 읽고 있어야 하는지

6 오늘이가 부모를 만나 같이 지낸 날은 며칠인가요? (23쪽)

7 오늘이는 나중에 무엇이 되었나요? (33쪽)

1 혼자 살던 오늘이는 백주할머니에게서 부모님에 관한 이야기를 듣습니다. 그 이야기를 들은 오늘이는 어떤 생각을 했을까요?

2 다음의 글을 읽고 어떤 생각이 드는지 말해 보세요.

> 배가 고플 땐 날짐승이 먹을 것을 물어다 주고, 날이 추울 땐 길짐승이 따스하게 품어 줬지.
>
> 본문 3쪽에서

3 이무기가 가지고 있는 보물구슬 세 개의 색깔을 적어 보세요.

4 밑줄 친 말은 어떤 말투로 한 말일까요?

> "아가씨 아가씨, 글 읽는 아가씨. 원천강 부모궁은 어디로 가나요?"
> "저기 구름 걸린 바위산을 넘어 단물 솟는 우물을 찾아가면 길을 가르쳐 줄 선녀가 있을 게다."
> <u>"고맙습니다."</u>
> "그런데 한 가지 부탁이 있다. 나는 내일이라는 사람인데, 원천강에 가거든 내가 언제까지 여기서 글만 읽고 있어야 하는지 물어봐 다오."
> <u>"알겠습니다."</u>
>
> 본문 13쪽에서

5 연꽃의 가운데 줄기에만 꽃이 피고 다른 줄기에는 꽃이 피지 않는 까닭과 보물구슬을 세 개나 가지고 있는 이무기가 용이 되지 못한 까닭에는 공통점이 있습니다. 무엇일까요?

6 다음 글에 나타나는 주인공의 성격을 설명해 보세요.

 "선녀님 선녀님, 물 긷는 선녀님. 원천강 부모궁은 어디로 가나요?"
"원천강은 옥황궁 가는 길에 있으니 내가 데려다 주마."
"고맙습니다."
"그런데 한 가지 부탁이 있다.
이 물동이를 가득 채워야 옥황궁에 돌아갈 텐데,
바가지가 새서 물을 퍼 담을 수 없구나.
바가지를 좀 고쳐 다오."
"알겠습니다." 본문 15쪽에서

7 '세 이레'는 며칠을 말하는지 적어 보세요.

1 ( ) 안에 들어갈 단어로 알맞은 것은?

"도련님 도련님, 글 읽는 도련님.
원천강 부모궁은 어디로 가나요?"
"여기서 동쪽으로 누른 땅을 지나
거울같이 맑은 연못에 가면 길을 (   ) 줄 연꽃이 있을 게다."

본문에서

① 가리켜   ② 가르쳐   ③ 아르켜   ④ 가르켜   ⑤ 아리켜

2 아래 글의 오늘이가 장차 될 수밖에 없는 것은?

"연꽃은 가운데 줄기에 핀 꽃을 남에게 주고 나면 다른 줄기에도 꽃이 필 것이야.
 이무기는 이제라도 구슬 둘을 버리고 하나만 가지면 용이 될 것이다. 그리고 누구든지 연꽃과 보물구슬을 얻으면 옥황궁의 선녀가 될 게다."
〈중략〉
 이무기는 구슬 두 개를 오늘이에게 주었고, 연꽃도 가운데 꽃을 오늘이에게 주었다. 그 후에 이무기는 용이 되었고 연꽃은 줄기마다 고운 꽃을 피웠다.

본문 23쪽, 27~29쪽에서

① 하늘의 별
② 용들의 어머니
③ 옥황궁의 선녀
④ 옥황궁의 왕비
⑤ 마음씨 착한 부자

문·해·력·신·장·과·P·S·A·T·맛·보·기

3 밑줄 친 단어와 같은 뜻으로 사용된 것은?

그리고 곧 이무기를 만났지.
"이무기님은 보물구슬을 세 개나 가진 것이 탈이니, 그 중 두 개를 버리면 용이 될 거라고 하셨습니다.

본문에서

① 불에 탈 것은 없나 살펴봐.
② 나 혼자 다 가진 것이 탈이었어.
③ 너에게는 할미 탈이 어울리겠어.
④ 자동차를 탈 때는 조심해야 한다.
⑤ 우리는 그동안 부은 적금을 탈 예정이다.

책을 내 것으로 만드는 아이들

1. 오늘이는 백주할머니 덕분에 부모님을 찾았습니다. 여러분은 백주할머니를 어떤 분이라고 생각하나요?

2. 오늘이가 부모를 찾도록 도와준 이들은 어떤 마음이었을까요?

3. 다음 글을 읽고 어떤 느낌이 드는지 표현해 보세요.

> 오늘이는 날마다 날짐승 길짐승과 동무해서 놀았어. 두루미와 함께 춤을 추고, 꾀꼬리와 함께 노래 부르고, 노루와 함께 달음박질했지.
>
> 본문 3쪽에서

4 이무기는 욕심을 부려서 하늘로 올라가지 못했습니다. 우리가 욕심을 부려서는 안 될 것들에는 무엇무엇이 있을까요?

5 오늘이는 가도 가도 끝이 없을 것 같은 힘든 모험 끝에 부모님을 만났습니다. 여러분에게도 힘들어도 포기하지 않고 끝까지 해야 할 일이 있나요?

6 만약 오늘이가 현재에 살면서 혼자 부모를 찾아가겠다고 하면 여러분은 오늘이에게 무슨 말을 해 줄 수 있을지 적어 보세요.

책 씻는 날

이영서 글 | 전미화 그림 | 학고재

영역 | 문학 언어
주제 | 성실함, 자아 존중감

 목표

1. 우직한 성실함이 똑똑함보다 중요하다는 것을 깨달을 수 있다.
2. 이야기를 일이 일어난 원인과 결과에 맞추어 정리할 수 있다.

줄거리

양반집 도련님인 몽담이는 공부에 전념하지만 아둔하여 집안 어른들의 걱정거리이다. 몽담이 또한 공부에 진전이 없어 괴로워한다. 하지만 몽담이 아버지는 몽담이가 한시도 손에서 책을 놓지 않으니 학문으로 이름을 떨칠 것이라며 몽담이를 격려한다. 몽담이가 처음으로 맞는 책씻이 날, 훈장님은 부지런한 몽담이를 가르치는 것은 영재를 가르치는 것보다 더 즐겁다고 말하면서 더 당부할 것이 없다는 의미에서 성적표로 '없을 무(無)'자를 준다.

도서 선정 이유

누구에게나 부족하고 모자란 점은 있다. 하지만 이에 기죽지 않고 '낙숫물이 바위를 뚫는다.'는 말처럼 목표를 향해 성실하고 끈기 있게 나가면 못할 것이 없다. 또한 성실한 사람이 명민한 사람보다 더 훌륭한 결과를 성취할 수 있다는 점을 이 책을 읽으면서 마음에 새기었으면 한다.

1 단어의 올바른 뜻을 찾아 바르게 연결해 보세요.

- 공 ● ● 보기에 흡족하고 자랑스러운 데가 있음.
- 넋 ● ● 예전에, 남의 집에 딸려 천한 일을 하던 사람.
- 종 ● ● 어떤 목적을 이루는 데에 힘쓴 노력.
- 대견 ● ● 사람의 몸에 있으면서 몸을 거느리고 정신을 다스리는 것.

2 뜻 풀이에 맞는 단어를 초성에 맞게 써 보세요.

① 가게가 죽 늘어서 있는 거리 　ⓏⓏⒼⓁ →＿＿＿＿

② 학식이 높고 행실이 어진 사람. 　ⒼⓏ →＿＿＿＿

③ 학문하는 사람을 예스럽게 이르는 말. 　ⓈⒷ →＿＿＿＿

④ 학교에서 학생을 가르치는 선생을 예스럽게 이르는 말. ⒽⓏ →＿＿＿＿

⑤ 한옥에서, 집의 안채와 떨어져 바깥주인이 거처하며 손님을 접대하는 용도로 쓰는 집채 　ⓈⓁⒸ →＿＿＿＿

⑥ 학생이 책 한 권을 다 읽거나 베껴 쓰는 일이 끝난 것을 기념하여 선생님과 친구들에게 한턱내는 일 　ⒸⓈⓄ →＿＿＿＿

⑦ 찹쌀가루나 찰수수의 가루를 반죽하여 밤톨만 한 크기로 동글동글하게 빚어 끓는 물에 삶아 낸 후 고물을 묻히거나 꿀이나 엿물을 바른 떡. 　ⒼⒹ →＿＿＿＿

1 이 책의 주인공은 누구인가요? (4쪽)

2 몽담이의 아버지는 어떤 까닭으로 몽담이가 대견스럽다고 했나요? (12쪽)

_____

_____

3 몽담이의 아버지는 몽담이가 태어날 적에 꿈에서 누구를 만났나요? (19쪽)

_____

_____

4 몽담이는 책을 백 번 천 번을 읽어도 깨치지 못하면 언제까지 읽겠다고 하였나요? (20쪽)

① 열 번   ② 네 번   ③ 만 번
④ 억 번   ⑤ 깨칠 때까지

5 다음은 책 속에 나오는 단어입니다. 뜻이 반대되는 말끼리 연결해 보세요.

6 몽담이가 처음으로 책씻이 날을 맞았습니다. 몽담이는 어떤 제목의 책을 책씻이했나요? (33쪽)

7 몽담이가 훈장님께 '없을 무(無)'자를 받고 금방이라도 울 것 같았던 것은 몽담이가 어떤 오해를 했기 때문인가요? (37쪽)

8 책씻이를 위해 준비한 음식들은 각각 어떤 의미가 있나요? 서로 연결해 보세요. (38~39쪽)

경단	•	•	길게 배움을 이어 감
송편	•	•	둥근 해처럼 학문으로 세상을 비춤
국수	•	•	머릿속을 배움으로 꽉 채움

9 '책 씻는 날'을 읽고 다음 문장을 원인과 결과에 따라 완성해 봅시다.

① 몽담이의 아버지는 몽담이가 태어날 때 꿈에 노자를 보았기 때문에

②   몽담이의 책은 더럽고 너덜너덜했다.

1. 하인 한섬이보다도 공부하는 데 재주가 없는 몽담이의 마음은 어떠했을까요? 몽담이의 마음을 표정으로 표현해 봅시다.

2. "큰 그릇을 만들려면 오랫동안 공을 들여야 하지."(12쪽)라고 몽담이 아버지가 말했습니다. 이것은 어떤 의미인가요?

3. 아래 그림은 무엇을 뜻하는 것일까요? (22~23쪽)

4 만약 몽담이 아버지가 몽담이의 성실함을 칭찬하지 않고 아둔함을 혼내기만 했다면 몽담이는 어떻게 되었을까요?

5 책 한 권을 뗀 후에 훈장님이 준 성적표에는 각각 어떤 의미가 있는지 까닭을 들어 말해 보세요.

① 날마다 서당에 늦는 동무가 받은 '닭 계(鷄)'

② 덤벙덤벙 서두르는 친구가 받은 '소 우(牛)'

③ 서툰 재주를 믿고 꾀를 부리는 친구가 받은 '부지런할 근(勤)'

6 보통 사람보다도 아둔한 몽담이가 결국 조선 최고의 시인이 된 까닭은 무엇이라고 생각하나요?

1 다음 글로 알 수 있는 사실이 <u>아닌</u> 것은?

> "차라리 활쏘기와 말 타는 것을 가르치세요. 글공부는 아닙니다. 괜한 시간 낭비예요."
> 아버지는 외숙의 얘기에 대답하지 않았어요.
> "자네 말이 틀리지 않네." 이제껏 아무 말도 없던 아버지가 입을 떼었어요.
> 몽담이는 귀를 막았어요. 아버지마저 몽담이를 글공부조차 필요 없는 바보로 여길까 봐 걱정됐어요.
> "하지만……, 나는 말일세. 저 아이가 저리 둔하면서도 공부를 포기하지 않으니 그것이 오히려 대견스럽네. 우리 집에서 저 아이의 글 읽는 소리가 끊이는 걸 본 적이 있나? 큰 그릇을 만들려면 오랫동안 공을 들여야 하지."
> "으읍… 으읍……."
> 몽담이의 입에서 참고 있던 울음이 삐져나왔어요.
>
> 본문 11~12쪽에서

① 몽담이는 공부를 잘하지 못한다.
② 몽담이는 쉬지 않고 공부하고 있다.
③ 몽담이는 귀를 막고 있어 아무 소리도 못 듣고 있다.
④ 몽담이의 아버지는 공부를 포기하지 않는 몽담이를 대견스러워한다.
⑤ 몽담이의 외삼촌은 몽담이가 공부보다 활쏘기나 말 타기에 더 소질이 있을 것이라 생각한다.

문·해·력·신·장·과·P·S·A·T·맛·보·기

2 아래 글의 제목으로 가장 적절한 것은?

"몽담아, 주나라의 '노자'는 공자뿐 아니라 여러 성현들이 가르침을 얻을 만큼 학덕이 높으셨단다. 몽담이 네가 태어날 적에 아비는 꿈에 노자를 만났다. 아주 신통한 꿈이었지."

여러 번 들었어도 몽담이는 이 얘기가 신기하고 재미나요.

"노자의 다른 이름은 담이란다. '노담'이라 하지. 너는 아비가 꿈에 노담을 만나고서 얻은 아이야."

몽담이도 알아요. 꿈 몽(夢)자에 노담의 담(聃)자.

'꿈에서 만난 노자'란 뜻이 몽담이의 이름 속에 들어 있어요.

"너는 학문으로 세상에 이름을 떨칠 게야. 아비는 한 번도 그것을 의심한 적이 없어."

본문 19~20쪽에서

① 노자와 몽담이
② 꿈에서 만난 노자
③ 몽담이란 이름의 뜻
④ 몽담이 아버지의 의심
⑤ 몽담이 아버지의 믿음

3 다음 구절을 설명할 때 적절하지 않은 것은?

交 사귈 교 友 벗 우 投 던질 투 分 나눌 분
친구를 사귀어 뜻을 함께 나누고,
切 간절할 절(끊을 절) 磨 갈 마 箴 경계할 잠 規 법 규
서로 열심히 닦고 배워서 사람의 도리를 지켜야 한다.

본문 28쪽에서

① 친구를 사귈 때는 서로 마음이 맞아야 한다.
② 자기보다 못한 친구도 사귈 줄 알아야 한다.
③ 친구라면 충고나 쓴소리도 할 줄 알아야 한다.
④ 옥석(玉石)을 자르고 갈고 닦듯이, 학문과 덕행에 힘써야 한다.
⑤ 편벽하거나 좋은 말만 하거나 말을 잘 둘러대는 사람은 사귀지 말아야 한다.

1. 아래 글은 김득신 묘비의 글입니다. 여러분의 묘비에는 어떤 글을 적으면 좋을까요? 스스로 써 보세요.

재주가 남보다 못하다고 해서 스스로 한계를 짓지 마라. 나보다 노둔한 사람도 없겠지만 결국에는 이룸이 있었다. 그러니 힘쓰는데 달려 있을 따름이다.
김득신 1604-1684

2. 여러분이 몽담이처럼 열심히 하지만, 더딘 것은 무엇인가요?

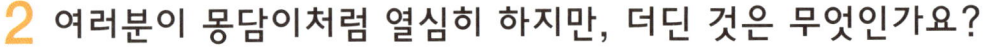

3. 사람에게는 누구나 장단점이 있습니다. 여러분이 잘하는 것은 무엇인가요?

4 지금 여러분 곁에서 몽담이가 자신의 아둔함에 절망하며 울고 있다고 상상하고 위로의 말을 적어 보세요.

5 여러분이 친구에게 한 단어로 칭찬하는 성적표를 준다면 어떤 성적표를 줄까요? 칭찬하는 이유도 적어 주세요.

친구이름	성적표 내용	이유
예) 노진아	척척박사	아는 것이 많은 친구여서

마법의 설탕 두 조각

미하엘 엔데 글 | 진드라 차페크 그림
유혜자 옮김 | 소년 한길

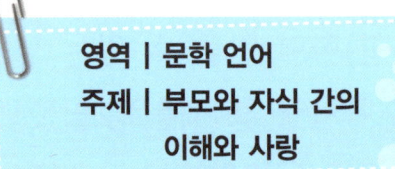
영역 | 문학 언어
주제 | 부모와 자식 간의
　　　 이해와 사랑

1. 엄마 아빠의 소중함을 알 수 있다.
2. 부모와 자식 간의 갈등에 대하여 생각할 수 있다.
3. 가족들 각자의 입장을 이해할 수 있다.

줄거리

렝켄은 아주 착한 아이인데 부모님이 자기 말을 잘 들어 주지 않자 요정을 찾아가서 고민을 상담한다. 렝켄은 요정이 말한 대로 마법의 설탕을 아빠 엄마의 찻잔 속에 몰래 넣는다. 설탕을 먹은 렝켄의 부모님은 렝켄의 말을 들어주지 않을 때마다 키가 반으로 줄어든다. 결국 렝켄의 부모님은 렝켄을 돌봐 줄 수 없을 만큼 작아진다. 당황한 렝켄은 다시 요정을 찾아간다. 렝켄은 커다란 위험을 감수하면서까지 문제를 해결하려고 노력한다.

도서 선정 이유

사랑하는 가족도 때로는 자기 생각만 하는 경우가 있다. 그래서 갈등이 생기는데, 이 책은 마법이라는 재미있는 방법을 이용하여 가족들 간의 갈등과 해결을 보여 준다. 아이와 부모 모두 가족의 마음을 어떻게 이해하는 것이 좋은지를 생각해 볼 수 있다.

1 여러분은 '마법' 하면 어떤 단어가 떠오르나요?

_____

_____

2 다음 표에서 위아래로 연결(대각선 포함)하여 만들 수 있는 낱말을 찾아 단어 주머니에 담아 보세요. (1분 안에 주머니에 몇 개를 담을 수 있을까요?)

고	정	스	휴	가	결	문	사	문	정	문	장
결	민	카	스	정	책	장	장	패	어	어	식
속	핍	펫	누	리	양	심	어	식	라	비	리
통	조	림	요	코	르	크	마	개	장	수	참

3 여러분이 여행하고 싶은 곳과 부모님이 여행하고 싶은 곳이 다르다면 어떻게 하는 것이 좋은지 말해 보세요.

● 내가 여행을 가고 싶은 곳 :
_____

● 부모님이 가고 싶은 곳 :
_____

● 해결 방법 :
_____

_____

책을 다시 읽는 아이들

1 렝켄의 고민은 무엇이었나요? (5쪽)

2 렝켄은 고민을 해결하기 위해 어떻게 했나요? (6쪽)

3 요정이 준 설탕을 먹은 아빠와 엄마는 어떻게 되었나요? (22쪽, 25쪽)

4 렝켄은 부모님을 장식장에 넣어 두고 아이들과 신나게 놀다가 돌아와서는 집 앞 계단 위에서 눈물을 흘렸습니다. 렝켄이 운 까닭은 무엇인가요? (59쪽)

5 렝켄이 프란치스카 프라게차익헨 요정을 두 번째로 찾아간 이유는 무엇인가요? (70쪽)

6 프란치스카 프라게차익헨 요정이 알려 준 시간을 되돌리는 방법은 무엇이었나요? (72~74쪽)

책·을·다·시·읽·는·아·이·들

7 렝켄이 요정을 찾아 나선 후에 일어난 과정입니다. [보기]를 보고 사건이 일어난 순서대로 써 보세요.

☐ ⇨ ☐ ⇨ ☐ ⇨ ☐ ⇨ ☐

보기

8 렝켄이 부모님에게 비밀을 이야기하자 아빠가 내놓은 해결책은 무엇인가요? (82쪽)

9 렝켄의 가족은 프란치스카 프라게차익헨 요정을 어떤 사람으로 기억하고 있나요? (86쪽)

마법의 설탕 두 조각 | 57

1 렝켄이 부모님의 찻잔 속에 마법의 설탕을 넣었을 때는 어떤 마음이었을까요?

_____

_____

2 렝켄의 부모님은 인형보다 작아졌습니다. 그 후에 벌어진 상황에서 부모님과 렝켄의 마음을 짐작해 보세요.

보기

　렝켄은 정어리 통조림으로 점심을 간단하게 먹기로 했습니다. 그러나 그것도 생각만큼 쉽지 않았습니다. 깡통을 따다가 날카로운 양철에 손가락을 베어 피가 나왔습니다. 렝켄은 피가 철철 흘러내리는 것을 보자 더럭 겁이 나서 엉엉 울면서 집 안을 이리저리 뛰어다니며 소리쳤습니다.
　"아빠! 엄마!"
　결국 엄마가 책꽂이의 책들 뒤에서 머뭇거리며 앞으로 걸어 나왔습니다.
　아빠도 뒤따라 나왔습니다. 딸이 혼자서 엉엉 울고 있는 것을 차마 보고만 있을 수 없었기 때문입니다.

📄 본문 40~41쪽에서

🔸 **부모님의 마음**

_____

🔸 **렝켄의 마음**

_____

책·을·깊·게·읽·는·아·이·들

3 ㉠과 같은 렝켄의 생각에 대해 여러분은 어떻게 생각하나요?

> 집 밖에서 긴 밤을 혼자 지내야 한다는 생각을 하자 너무 슬펐습니다.
> 그렇지만 렝켄에게는 콧물을 닦을 휴지조차 없었습니다.
> 배도 많이 고팠지만 엄마가 음식을 만들어 놓지도 못했을 테고, 설령 만들어 놓았다고 하더라도 어차피 먹을 수도 없었습니다. 돈도 한 푼 없고 가게 문은 이미 오래 전에 닫혔습니다. 정말 모든 것이 완전히 비참했습니다.
> ㉠ 생각해 보면 모든 것이 엄마와 아빠 때문인 것 같았습니다. 엄마와 아빠가 렝켄이 원하는 대로만 해 주었다면 이 모든 일이 일어나지 않았으리라는 생각이 들었습니다.
>
> 📄 본문 59~60쪽에서

4 다음 글에서 요정이 말한 <u>비싼 값</u>은 어떤 것을 말하는 걸까요?

> "물론이지. 그런데 마법이라는 것이 으레 그렇듯이 작은 문제가 하나 있기는 해. 그래서 내가 처음부터 두 번째 상담을 할 때는 <u>비싼 값</u>을 치러야 한다고 했었지. 어떤 결정을 내리든지 간에."
>
> 📄 본문 72쪽에서

5 렝켄이 부모님에게 진정으로 원한 것은 무엇일까요?
여러분의 생각을 말해 보세요.

마법의 설탕 두 조각 | 59

1 다음 글에 이어서 나올 수 있는 행동으로 적절한 것은?

렝켄은 말할 나위 없이 착한 아이입니다. 엄마, 아빠가 다정하게 대해 주고, 렝켄이 원하는 걸 들어주기만 한다면 말입니다.

다만 엄마, 아빠가 그렇게 해 주는 일이 거의 없다는 게 문제였지요. 렝켄이 아이스크림이 먹고 싶어서 돈을 달라고 하면 아빠는 언제나 이렇게 말했습니다.

"안 돼, 벌써 두 개나 먹었잖아. 아이스크림을 한꺼번에 많이 먹으면 배 아파요."

엄마한테 조심스럽게 부탁해도 마찬가지였습니다.

"엄마, 내 신발 좀 빨아 주세요!"

"네가 해. 너도 이제 다 컸잖아."

렝켄이 올해는 바다로 휴가를 가고 싶다고 하면, 엄마, 아빠는 굳이 산으로 가겠다고 했습니다.

렝켄은 이렇게 계속 참고 지낼 수만은 없다고 생각했습니다.

본문 5~6쪽에서

① 렝켄은 경찰관에게 물었습니다.
② 렝켄은 엄마, 아빠가 시키는 대로 했습니다.
③ 아빠가 헛기침을 한 다음 말했습니다. "우리 한번 잘 생각해 보자."
④ 요정을 찾아가기로 했지요. 착한 요정이든, 나쁜 요정이든 별로 중요하지 않았습니다.
⑤ 엄마는 찻주전자를 거실에 갖다 놓고 과자 접시를 가져오기 위해 다시 부엌으로 갔습니다.

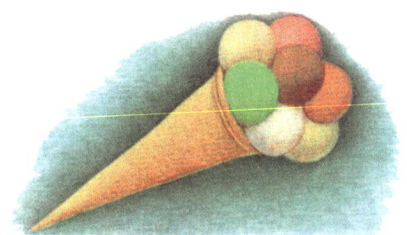

2 ㉠의 원인으로 가장 직접적인 것은?

렝켄은 절호의 기회라고 생각하고 엄마와 아빠의 찻잔 속에 얼른 설탕(부모님이 말을 들어주지 않을 때마다 키가 절반으로 줄어드는 설탕)을 한 개씩 넣었습니다. 잠깐 동안 양심의 가책이 느껴졌지만 곧 괜찮아졌습니다.

어차피 엄마와 아빠가 잘못해서 생긴 일이니까요. 그리고 엄마와 아빠가 렝켄이 원하는 걸 잘 들어주기만 한다면 마법의 설탕이 몸에 해로울 것도 없을 것 같았습니다. 만약 실제로 무슨 일이 일어난다고 하더라도 그것 순전히 엄마와 아빠 탓이라는 생각이 들었습니다.

엄마와 아빠는 차를 마셨지만 렝켄은 레몬수를 마시고 싶다고 했습니다.

엄마가 말했습니다.

"마음대로 해. 네가 가서 냉장고에서 꺼내 와."

아직은 아무 일도 생기지 않았습니다.

아빠가 텔레비전 뉴스를 보려고 했지만 렝켄은 다른 채널에서 하는 만화 영화가 보고 싶었습니다.

"뉴스를 봐야지."

아빠가 채널을 뉴스 프로그램에 맞추었습니다.

㉠ <u>그 순간 자전거 바퀴에서 바람이 빠져 나가는 것처럼 "푸시식!" 하는 소리가 나더니 아빠의 키가 반으로 줄어들어 버렸습니다.</u> 아빠는 꼭 소인국에서 온 사람처럼 보였습니다.

　본문 20~22쪽에서

① 엄마와 아빠가 잘못해서.
② 아빠가 소인국에서 왔기 때문에.
③ 렝켄이 엄마와 아빠의 찻잔 속에 설탕을 넣었기 때문에.
④ 엄마와 아빠는 차를 마셨지만 렝켄은 레몬수를 마시고 싶어서.
⑤ 렝켄은 만화 영화가 보고 싶었는데 아빠가 채널을 뉴스 프로그램에 맞추어서.

책을 내 것으로 만드는 아이들

1 여러분은 어떤 마법의 각설탕을 얻고 싶나요?

2 렝켄은 다음 글에서 고민을 합니다. 여러분이라면 어떻게 하겠습니까?

> 아빠가 물었습니다.
> "정상적인 아이들은 엄마, 아빠가 하는 말을 가끔씩 거역하거든. 넌 네 마음대로 하고 싶은 것도 없니?"
> "없어요, 아빠."
> "문제가 심각하구나. 아주 가끔이라도 말을 안 듣겠다고 하면 안 되겠니? 우리가 다시 널 정상적인 아이라고 생각할 수 있게 말이야."
> 엄마는 이렇게 말하고서 한숨을 내쉬었습니다.
> <u>렝켄은 어떻게 해야 좋을지 몰라 고민했습니다.</u> 싫다고 하면 뻔한 결과가 나타날 테고, 그렇게 하겠다고 하면 엄마와 아빠의 말을 거역해야 하니까 그것도 마찬가지 결과가 될 수 있었습니다. 그래서 아무 대답도 하지 못한 채 울음을 터뜨렸습니다.

3 가족 간에 서로 이해하고 사랑하면서 지내기 위해서는 무엇이 필요한지 [보기]의 단어 카드에서 골라 단계대로 해 보세요.

> 1단계 : 단어 6개 고르기
> 2단계 : 1단계 단어에서 3개로 줄이기
> 3단계 : 2단계 단어에서 2개로 줄이기
> 4단계 : 3단계 단어에서 1개로 줄이기

보기

질서 경청 도전 긍정 인내 인정 사랑 대화 지혜 화목 공감
소통 순종 배려 (여러분이 생각한 다른 단어를 더 써도 좋습니다.)

4 평소에 부모님이나 가족들에게 불만이 있거나 서운했다면 어떻게 해결해야 좋을까요?

상황

해결 방법

이유

마법의 설탕 두 조각 | 63

한국인의 독서지도 교재  로직아이 샘

박우현 교수와 현장의 교사들이 함께 만든 22권의 독서지도 교재

[교재의 특징]

- <u>6권의 필독서</u>를 읽고 수업하는 독서지도 교재. 자연스럽게 글쓰기 논술 실력도 늘게 하는 교재
- <u>5급 공무원 시험인 공직 적성 평가와 법학 전문 대학원 입학시험</u> 형식의 문제 수록

파랑(서울시 교육감 인정 도서) (총 1~6단계) **노랑**(교과서 수록 작품) (총 1~6단계) **초록**(신간 교과서 수록 작품 중심) (총 1~6단계) **빨강**(스테디 셀러 중심) (총 1~4단계)

각 단계는 학년을 기준으로 함. (1학년은 1단계, 6학년은 6단계)
빨강 교재만 학년 중첩. (1단계는 1-2학년, 2단계는 2-3학년, 3단계는 4-5학년, 4단계는 5-6학년)

중학생을 위한 독서 논술
로직아이 수 秀 민트&퍼플

[교재의 특징]

① 엄선한 필독서 2·3권과 한국 근현대 문학 수록
② 다양한 토론, 요약과 정리 문제 수록
③ PSAT와 LEET형식의 문제 수록

글쓰기 논술 쓰마 & 박우현의 요약과 논술 입문 & 기초

1단계 - 1, 2권
글쓰기 논술 기초 교재

2단계 - 1, 2, 3권
글쓰기 논술 발전 교재

3단계 - 1, 2권
글쓰기 논술 심화 교재

Ⅰ. 입문편
Ⅱ. 기초편

[교재의 특징]

① 쓰마는 과정 중심 글쓰기 논술 교재
② 쓰마는 초등 1학년 부터 6학년 까지
③ 박우현의 요약과 논술은 중등 1학년 부터

---

* (주)로직아이는 독서 지도나 글쓰기 지도를 하고자 하는
학부모와 선생님들을 위한 교육사업 법인입니다.

책 속에는 꿈이 있습니다.
배우겠다는 의지만 있으면 실력은 늘기 마련입니다.

주소 서울특별시 영등포구 대방천로 175 문헌빌딩 203호 (신길동) | 전화 02-747-1577 | 팩스 02-747-1599

〈로직아이 샘〉과 길라잡이의 특징

1. 〈로직아이 샘〉 1권은 6편의 동화로 구성되어 있으며, 동화 1편은 표지 포함 10쪽으로 이루어져 있다.
2. 〈로직아이 샘〉은 독서지도사, 방과후 학교 교사, 글쓰기 논술 학원 교사 그리고 서술식 문제로 출제 평가하는 초등학교 중학교 교사에게 필요한 교재이다.
3. 동화 한 편의 워크북은 90분 수업에 적합하도록 구성했다.
4. 6권의 필독서이므로 한 달 반 또는 세 달 사이에 교재 한 권의 진도를 나갈 수 있다.
5. 한 권의 독서지도 교재에는 5개 영역(문학 언어, 인문 예술, 사회, 역사 인물, 과학 탐구)을 담되, 1권당 문학 언어 영역이 1/2이 넘도록 했다.

1학년은 1단계, 2학년은 2단계, 3학년은 3단계, 4학년은 4단계, 5학년은 5단계, 6학년은 6단계로 구분했지만, 아이들의 취향이나 선생님의 지도방법에 따라 선택 지도할 수 있다.

| 각 꼭지 별 내용 |

* 각 작품의 첫 쪽에는 책의 줄거리와 도서 선정 이유를 담고 있다.

'책을 펴는 아이들'은 읽기 전 활동에 해당한다.

'책을 다시 읽는 아이들'은 책을 다 읽은 후에, 책의 내용을 다시 한 번 점검하는 활동을 담고 있다.

'책을 깊게 읽는 아이들'은 주제를 심화시키는 활동에 해당한다.

'문해력 신장과 PSAT 맛보기'는 논리적인 사고를 훈련하는 꼭지다. PSAT(공직 적격성 평가) 형식의 문제 유형을 초등학생 버전으로 만든 것이다.

'책을 내 것으로 만드는 아이들'은 독서 내용을 확장하는 활동 꼭지이다.

집 안 치우기

 책을 펴는 아이들(5쪽)

1. [정답]
   ㉠ 요령 ㉡ 외출 ㉢ 뒤죽박죽 ㉣ 해적선 ㉤ 알까기
   [길라잡이]
   '요령'은 방법 중에서도 핵심이 되는 방법을 뜻한다. 국어사전에서 '알까기'를 찾으면 '동물의 알 속에서 새끼가 껍데기를 깨고 밖으로 나온다'는 의미의 '알까기'만 나올 뿐, 문제에 해당하는 단어는 나오지 않는다. 그러나 '알까기'는 바둑판 위에서 하는 놀이 가운데 바둑을 두는 방법을 모르는 아이들도 할 수 있는 놀이로서 유명하다. 조만간에 국어사전에 등록이 될 것이라고 예상한다.

2. [예시답]
   필요한 물건을 바로 찾을 수 있다. 집안이 깨끗하면 마음까지 깨끗해져서 상쾌함을 느낄 수 있다. 등.
   [길라잡이]
   정리정돈의 필요성을 인지하며 정리정돈을 하면 어떠한 점이 좋은지 생각을 하여 학습 목표에 도달할 수 있다.

3. [예시답]
   자주 쓰는 물건은 꺼내기 쉬운 곳에, 자주 갖고 놀지 않는 것은 안쪽에 둔다. 등.
   [길라잡이]
   자신의 정리정돈 방법과 책 속에 나오는 정리정돈 방법을 비교하면 실질적으로 도움이 되는 정리정돈 방법을 알 수 있고 이 책을 더욱 흥미를 가지고 읽을 수 있다.

책을 다시 읽는 아이들(6~7쪽)

1. [정답] | ② ⇒ ① ⇒ ③ ⇒ ④
   [길라잡이]
   가장 먼저 알까기 놀이를 하고 그다음에 세계 일주 놀이를 하고 그다음에 피아노 수업, 토스트 구워 먹기를 했다.

2. [정답]
   집안이 사방 어질러져 있었다.

3. [정답]
   병관이는 블록을 주섬주섬 챙기고 엄마에게 "이거 가지고 가도 돼요?"라고 말했다.
   [길라잡이]
   엄마와의 갈등으로 집을 나가게 되는 병관이의 심리를 생각해 볼 수 있다.

4. [예시답]
   엄마 : 어이없고 황당해하고 있다.

지원이 : 깜짝 놀라고 황당해하고 있다.
병관이 : 집을 나가는 것이 걱정이 되어 최대한 불쌍해 보이려고 노력하고 있다.
[길라잡이]
등장인물들 간의 갈등에 따른 심리 상태를 파악하며 내용 이해를 돕고, 그 원인이 어디 있는지를 생각해 볼 수 있다.

5. [정답] | 해적선
6. [정답] | 엄마는 아무 일 없다는 듯이 식사를 했다.
[길라잡이]
병관이를 향한 엄마의 심리를 생각해 봄으로써 가족애를 기를 수가 있다.

7. [정답] | 저녁밥을 먹고 방을 정리했다.
8. [정답] | 정리정돈의 요령
[길라잡이]
정리정돈을 하는 요령을 파악할 수가 있다.

책을 깊게 읽는 아이들(8~9쪽)

1. [예시답]
평소에는 세계 일주 놀이를 자주 하지 않았을 것이다. 왜냐하면 꺼내기 어려운 곳에 보관해 놓았기 때문이다. 당장 노는 것이 급해서 놀 생각만 할 뿐 나중에 치울 생각은 하지 않는다, 등.
[길라잡이]
정리정돈의 요령인 자주 갖고 노는 것은 꺼내기 쉬운 곳에, 자주 갖고 놀지 않는 것은 안쪽에 보관한다는 것을 통해 추론하는 능력을 기를 수가 있다.

2. [예시답]
그렇게 말을 하면 블록 만들기를 멈추고 집안 정리를 할 것 같아서.
[길라잡이]
말을 잘 듣지 않는 아이들에 대한 엄마의 심정을 생각해 보아 엄마 말을 잘 들어야겠다는 생각을 하도록 유도할 수가 있다.

3. [정답] | ③
밑줄 친 '퇴근'은 시간적 배경을 알 수 있도록 해 주는 의미를 지닌 낱말이다. 다시 말해 '퇴근'은 일반적으로 저녁 7시 ~ 8시라고 예상할 수 있다. 위와 같이 시간적 배경을 알 수 있도록 해 주는 의미를 가지는 것은 ③ '밤 하늘'이라는 단어로 밤이라는 시간적 배경을 알 수 있다. 나머지는 시간적 배경을 알 수 있는 내용이 아니므로 정답이 아니다.

4. [예시답]
그동안 정리정돈을 해 본 적이 없어서 어떻게 해야 하는 지를 몰랐기 때문이다. 잘 갖고 놀지 않지만 모든 것이 병관이에게 소중한 것이기 때문이다, 등
[길라잡이]
병관이가 정리정돈을 하기 싫어한다는 의미는 올바른 답이 아니다. 병관이는 그동안 정리정돈을 해 본 적이 없어서 어떻게 해야 하는지를 몰랐기 때문에 쉽게 정리정돈을 하지 못했을 것이다. 아이들이 순수하고 착한 마음을 가지고 있다고 하더라도 방법이나 요령을 모르는 경우에는 어른들이 잘 알려 줄 필요가 있음을 알 수 있다.

문해력 신장과 PSAT 맛보기(10~11쪽)

1. [정답] | ⑤
[길라잡이]
① 이 문제는 논리적인 문제이기도 하지만 심리를 이해하는 문제이기도 하다. 엄마가 지원이만 사랑한다는 것은 알 수가 없다. ② 병관이는 아빠가 언제 오는지 질문을 했을 뿐 아빠가 보고 싶다는 의미를 이끌어 낼 수가 없다. ③ 엄마와 지원이가 저녁밥을 맛있게 먹는다는 것은 지문에 나와 있으니 이것은 정답이 될 수 없다. ④ 병관이가 집을 나가서 밥을 못 먹는 것이지 엄마가 병관이를 제쳐두고 지원이와 밥을 먹은 것은 아니다. "보란듯이"라는 말에서도 그 의미를 알 수 있다. ⑤ 지문에는 병관이가 "저녁은 언제 먹어요?" 하고 묻는 문장과 "병관이는 배가 고팠습니다."라는 문장이 나온다. 이런 문장들에 비추어 보아 병관이도 엄마와 지원이처럼 모두 둘러앉아 밥을 먹고 싶다는 것을 이끌어 낼 수 있다. 따라서 정답은 ⑤이다.

2. [정답] | ③
[길라잡이]
밑줄 친 '그리고'는 나열을 하는 병렬의 의미를 지닌다. 그러나 ③의 '그리고'는 병렬의 의미가 아닌 첨가나 추가적인 의미를 지니므로 밑줄 친 '그리고'와 다른 의미를 갖는다. 다시 말해 ③의 '그리고'는 '그러고 나서' 또는 '그리하고 나서'의 의미이다. ①과 ② 그리고 ④와 ⑤의 '그리고'는 나열하는 병렬의 의미를 지닌다. 따라서 정답은 ③이다.

3. [정답] | ④
[길라잡이]
이 문제는 제목을 붙이는 문제로서 전체를 일반화할 수 있어야 잘 풀 수 있다. 엄마는 '자주 갖고 노는 것은 꺼내기 쉬운 곳에, 자주 갖고 놀지 않는 것은 안쪽에'라는 정리정돈의 요령, 다시 말해 방법을 알려 주고 있다. 따라서 정답은 ④이다. ① 정리정돈의 가치가 정답이 되려면 정리정돈을 했을 때의 좋은 점 등을 알려 주

는 내용이 나와야 하는데 그런 내용은 없다. ② 정리정돈의 순서가 답이 되려면 무엇을 먼저 하고 그다음으로 무엇을 하고 등으로 순서를 나열해서 알려 주어야 하는데 그런 내용도 없다. ③ 정리정돈의 필요성이 답이 되려면 정리정돈을 하면 좋은 점 등을 설명해 주는 내용이 있어야 하는데 그런 내용도 없다. 그리고 ⑤ 정리정돈하는 가족이 답이 되려면 가족 구성원이 모두 소개가 되고 각자 정리정돈을 하고 있는 모습을 묘사하는 내용이 있어야 하는데 그런 내용도 없다. 따라서 정답이 아니다.

책을 내 것으로 만드는 아이들(12~13쪽)

1. [예시답] | 그림 그리기, 한자 공부, 컴퓨터 게임, 등
   [길라잡이]
   평소에 자신들이 재미있게 노는 방법을 적으면서 책의 독후 활동에 더 흥미를 가질 수가 있다.

2. [예시답]
   방이 어질러지지 않도록 정리정돈을 하면서 음식을 만들어 먹거나 놀이 기구를 가지고 놀아야 한다, 등.
   [길라잡이]
   정리정돈의 필요성을 느끼고 책을 읽고 난 후 얻은 교훈을 일상생활 속에 적용할 수가 있다.

3. [예시답]
   표정이 자신 있어 보인다, 걱정이 많아 보인다, 늘 행복해 보인다, 등
   [길라잡이]
   거울에 비친 병관이의 표정을 보면서 등장인물의 심리를 파악할 수 있고 거울에 비친 자신의 모습을 보면서 평소 자신의 모습을 생각할 수 있다.

4. [예시답]
   엄마가 음식의 재료를 준비할 때 같이 도와준다, 엄마의 심부름을 잘 한다, 등
   [길라잡이]
   엄마의 말을 잘 들어야겠다는 생각과 함께 가족애를 상기시킬 수가 있다.

5. [예시답] | 환경 미화원, 등
   [길라잡이]
   정리정돈을 주제로 일상생활 속에서 정리정돈에 대한 관심을 증폭시킬 수가 있다.

 기차 할머니

책을 펴는 아이들(15쪽)

1. [정답]

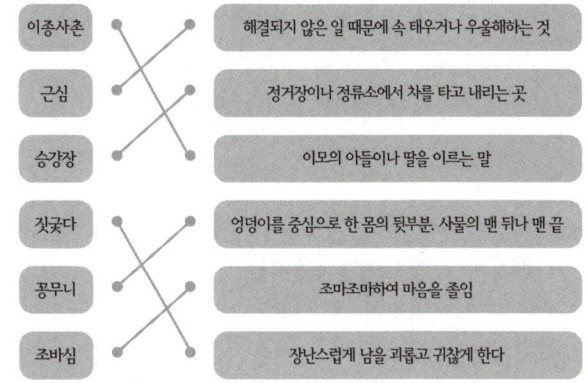

2. [정답]
   ① 곰곰이 ② 딴청 ③ 흥분 ④ 마지못해 ⑤ 승무원
   [길라잡이]
   이리저리 생각하는 '곰곰이'와 달리 '골똘히'는 '한 가지 일에 온 정신을 쏟아 딴생각이 없을 때'를 말한다. '기장'은 '비행기에서 승무원 가운데 최고 책임자'로서 흔히 수석 조종사가 기장이 된다. 지하철이나 기차의 경우에는 '기관사'라고 하지만, 비행기의 기관을 다루는 사람도 기관사라고 한다. '딴청'은 다른 말로 '딴전'이라고도 한다. '기꺼이'는 '마음속으로 은근히 기쁘게' 하는 것을 말한다.

책을 다시 읽는 아이들(16~17쪽)

1. [정답] | 가족 여행
   [길라잡이]
   울리는 방학을 맞아 아빠, 엄마와 함께 여행을 갈 것이라고 생각했지만 부모님은 바쁘셔서 함께 갈 수 없었다.

2. [정답]
   같이 가는 사람이 아무도 없다. / 울리 혼자 간다.

3. [정답]
   "슈투트가르트에서 뮌헨으로 가는 사람이 있는 데로 가서 앉아 있다가 그 사람한테 자기가 내릴 곳을 알려 달라고 하면 된다."고 했다.

4. [정답]
   같이 가는 사람이 할머니가 아니라 이왕이면 다른 사람하고 같이 가고 싶었기 때문이다.

5. [정답] | 브뤼크너 할머니
6. [정답] | 경찰관 아저씨의 오토바이를 훔쳤다.
7. [정답] | 곰이 사는 동굴 어디에 있을까
   [길라잡이]
   거울로 비추어 보면 정답이 보이니 거울을 준비하여 보여

주면 쉽게 알 수 있다.
8. [정답] | 손
[길라잡이]
정답을 이야기하여 주기 전에 아이들이 다양하게 상상할 수 있게 이야기를 나누고 아이들의 손을 잡아 악수를 하여 수수께끼의 정답을 찾을 수 있도록 재미있게 진행한다.

 책을 깊게 읽는 아이들(18~19쪽)

1. [예시답]
  1) 가족과 함께 떠나는 여행을 생각하고 무척 설레었는데 혼자 가게 되어 서운하다.
  2) 혼자 가는 여행이 겁도 나고 무서울 것이다.
  [길라잡이]
  아이들이 주인공 울리의 입장에서 생각해 볼 수 있다. 이야기는 그 내용에 몰입해야 재미있고 동화될 수 있다.

2. [예시답]
  내가 만약 울리라면)
  "흥, 내 또래 친구들과 함께 가고 싶었는데 할머니와 가면 정말 지루할 것 같아!"
  내가 만약 할머니라면)
  "귀여운 아이 같은데 어떻게 하면 친해질 수 있을까?"
  [길라잡이]
  각각의 등장인물의 입장에서 생각해 보고 그 입장에서 속마음을 솔직하게 표현할 수 있도록 지도한다.

3. [정답] | ④
  ① 온순하다 : 성질이나 마음씨가 온화하고 양순하다.
  ② 거만하다 : 잘난 체하며 남을 업신여기는 데가 있다.
  ③ 상냥하다 : 성질이 싹싹하고 부드럽다.
  ④ 집요하다 : 몹시 고집스럽고 끈질기다.
  ⑤ 인색하다 : 어떤 일을 하는 데 있어서 지나치게 박하다.
  [길라잡이]
  지문의 내용은 경찰관 뮐러 아저씨가 할머니와 형제들의 행동을 집요하게 찾아내는 상황을 보여 준다. 뮐러 아저씨는 형제들이 말썽을 일으킬 때마다 등장하여 거짓말을 못하는 막냇동생을 불러 사건에 대해 파악하여 형제들을 꾸짖는다. 그렇기 때문에 제시된 지문에 가장 알맞은 표현은 ④이다. 그의 성격을 나타낼 수 있는 표현을 알아내는 질문이기 때문에 ①~⑤까지의 답지에 제시된 표현들의 뜻을 아이들에게 설명하여 뮐러 아저씨의 성격을 어떻게 표현하면 좋을지 지도한다.

4. [예시답]
  ㄱ – 가재가 가시고기에게 가서 가시를 가지니 기절할 것 같은 기분이냐고 물어본다.
  ㄴ – 나비와 나방이 나란히 날아간다.
  네가 나비처럼 나풀거리니 나도 너처럼 넓게 너플거린다.
  [길라잡이]
  아이들이 스스로 말짓기놀이 문장을 만들어 낼 수 있게 다양한 생각을 떠올리도록 지도한다.

 문해력 신장과 PSAT 맛보기(20~21쪽)

1. [정답] | ①
  속담 뜻풀이 ① **등잔 밑이 어둡다.** : 가까이 있는 것이 도리어 알아내기 어렵다는 말. ② **바늘 도둑이 소 도둑 된다.** : 바늘을 훔치던 사람이 계속 반복하다 보면 결국은 소까지도 훔친다는 뜻으로, 작은 나쁜 짓도 자꾸 하면 큰 죄를 저지르게 됨을 비유적으로 이르는 말. ③ **돌다리도 두드려 보고 건너라.** : 잘 아는 일이라도 세심하게 주의를 하라는 말. ④ **닭 쫓던 개 지붕 쳐다보듯 한다.** : 개에게 쫓기던 닭이 지붕으로 올라가자 개가 쫓아 올라가지 못하고 지붕만 쳐다본다는 뜻으로, 애써 하던 일이 실패로 돌아가거나 남보다 뒤떨어져 어찌할 도리가 없이 됨을 비유적으로 표현한 속담. ⑤ **똥 묻은 개가 겨 묻은 개 나무란다.** : 자기는 더 큰 흉이 있으면서 도리어 남의 작은 흉을 본다는 말. 결점이 있기는 마찬가지인데 결점이 많은 사람이 결점이 덜한 사람을 흉볼 때, 결점이 적은 사람의 문제점을 지적할 때 사용한다.
  [길라잡이]
  내용의 핵심을 알고 속담에 적용하는 문제이다. 지문의 상황은 기차의 승무원이 기차표를 검사하는 것을 보고 급한 마음에 당황하여 기차표를 어디에 두었는지 생각나지 않던 상황이다. 예기치 못한 상황일수록 천천히 주변 또는 가까운 곳에서부터 다시 생각해 보는 것이 중요하다는 점을 일깨우고 있다. 그렇기 때문에 제시된 지문에 가장 가까운 속담은 ①이다. 답은 의외로 가까운 곳에 있을 수 있기 때문이다. ①~⑤까지의 각각의 제시된 속담의 뜻을 어린이들과 풀이해 가며 정확한 답을 찾을 수 있도록 지도한다.

2. [정답] | ②
  [길라잡이]
  이 문제는 결과 또는 목적을 추론하는 추론 문제이다. ①은 결국 "잘 생각하기 위해서는 잘 생각하는 것이 중요하다."는 말이 된다. 이것은 생각하고 생각해야 한다는 의미가 아니라 생각을 위해서 또 다시 생각을 한다는 의미이다. 따라서 정답이 아니다. 공부를 잘하기 위해서 공부를 잘한다는 말이 이상한 것과 같은 이치이다. ③도 잃어버린 물건을 잘 찾기 위한 방법이 뭔가가 중요한데, 잃어버린 것을 찾는다는 목적은 이미 지문에 나와 있다. 따

라서 이것도 정답이 아니다. ④는 일반적으로는 옳은 말이지만 여기서는 적절하지 않다. 왜냐하면 잃어버린 물건을 찾아야 한다는 목적이 지문에 나와 있다. 그렇기 때문에 정답이 아니다. ⑤도 잘 생각하여 잃어버린 차표를 찾는 것이 중요한데, 열심히 찾는 것은 중요하지 않다. 따라서 정답이 아니다. 정답은 ②이다. 무턱대고 찾는 것보다 어디서 어떻게 잃어버렸는지를 잘 생각하다 보면 잃어버린 물건을 쉽게 잘 찾을 수 있다는 의미이다. 어린이들에게 이와 비슷한 경우가 생겼을 때 무턱대고 찾는 것보다 언제 마지막으로 보았고 어디에 두었었는지를 생각함으로써 해결할 수 있도록 이야기를 나누어 지도한다.

3. [정답] | ④
[길라잡이]
제목을 찾는 문제는 요약 능력과 일반화하는 능력을 기르는 문제이기도 하다. 기차가 달리고 있다는 설정은 제시되어 있지만 기차의 속도가 어느 정도인지는 나와 있지 않아 ①은 정답이 아니다. 빨간 자동차라고 차의 색상은 제시되어 있지만 그 밖의 자동차의 성질이나 기능에 대한 자세한 묘사는 표현되어 있지 않아 ②도 정답과 거리가 멀다. 지문에는 길이 급커브로 꺾였다고는 되어 있지만 그 이후의 급커브 길로 이동하여 위험한 상황이 벌어졌는지는 표현하고 있지 않아 ③도 정답이 아니다. 급커브로 길이 꺾여 운전자가 급브레이크를 밟았다고 묘사되어 있지만 정지에 대한 이야기나 정지하는 방법에 대해서는 표현되어 있지 않아 ⑤도 정답이 아니다. 정답은 ④이다. 지문에는 '자동차 운전사가 기차와 함께 시합'이라는 구절도 있지만 자동차와 기차의 비교가 중요한 내용이라고 할 수 있다. 지문을 읽어 보고 중심 내용을 찾아 지문의 제목을 알맞게 찾을 수 있게 꼼꼼히 읽어 내용을 파악하도록 지도한다.

 책을 내 것으로 만드는 아이들(22~23쪽)

1. [예시답]
만약 혼자 여행을 가게 된다면 우선 겁부터 나고 어디서 내려야 할지 또는 혼자 잘 찾아갈 수 있을지 무서울 것 같지만 그럴수록 스스로 해낼 수 있다는 마음가짐을 갖는다. 그런 마음은 혼자 여행하면서 느낄 수 있는 두려움을 줄여 줄 것이고 씩씩하게 여행을 할 수 있다는 긍정적인 마음을 갖는 데 도움이 된다.
[길라잡이]
책을 깊게 읽는 아이들 1번 질문에서 울리의 입장을 이해한 것을 떠올리며 자신의 입장이라면 혼자 여행하게 되었을 때 어떤 마음이 들지 솔직하게 표현할 수 있도록 이야기를 충분히 나누고 의견을 써 보도록 한다.

2. [예시답]
찬성의 입장 : 사람이 다른 사람을 볼 때 일단 겉모습을 보고 판단할 수밖에 없다. 그리고 일단 겉모습을 보고 판단하는 것이 옳다고 생각한다. 사람을 처음 볼 때 어떻게 행동하고 어떻게 이야기하는지를 알기 전에는 그 사람의 마음을 볼 수 없기 때문이다. 사람은 나이가 어리든 나이가 들었든 그동안 자신이 보아 왔던 사람들에 대한 판단을 근거로 처음 보는 사람에 대한 판단을 한다. 예를 들어 지저분한 옷을 입었다면 정리정돈 또는 깨끗한 것과 거리가 먼 사람이라고 판단하는 것이 옳을 것이다. 어떤 사람이 비싼 옷이 아니라고 해도 깨끗한 옷을 단정하게 입었다면 일단 좋게 보는 것이 자연스럽다. 그 후에 그 사람의 말과 행동을 보고 그 사람이 어떤지를 판단해도 늦지 않다.

반대의 입장 : 사람에 대해 판단할 때 겉모습을 보고 그 사람을 판단하는 것은 위험하다. 그래서 다른 사람에게 좋게 보이기 위해 행동하고 말하는 사기꾼들도 옷을 멋지게 입는 것이다. 사람을 판단할 때는 그 사람의 외모를 먼저 볼 수밖에 없지만, 외모를 근거로 그 사람을 판단하는 것은 옳지 않다. 예쁘고 잘생긴 사람 중에도 마음씨가 나쁜 사람도 많고 못생긴 사람 가운데도 어려운 사람들을 위해 기부하는 사람도 많기 때문이다. 그리고 겉모습만 보고 사람을 판단하면 사람에게 속기 쉽다. 사람에 대한 판단은 외모가 아니라 그 사람의 말과 행동을 근거로 해야 한다. 겉모습은 그 사람의 본모습이 아니다. 사람은 말과 행동으로 그 사람의 마음을 아는 것이 훨씬 중요하다.
[길라잡이]
찬성, 반대의 입장을 책 속의 상황을 예로 들어 정확히 이야기해 주고 어린이들 각자가 찬성, 반대의 입장에서 분명한 이유를 들어 자신의 의견을 표현할 수 있도록 지도한다. 찬성, 반대의 입장에서 의견을 내는 것이 쉽지 않으므로 교사가 다양한 예를 이야기해 주어 각각의 입장을 표현할 수 있도록 돕는다.

3. [예시답]
● 어른들께 항상 공손하게 인사하고 말한다.
● 예의 바르게 행동하면 어른들하고도 잘 지낼 수 있다.
● 항상 먼저 인사드리고 밝은 미소로 대한다.
● 친절하게 챙겨 드린다.
[길라잡이]
어른들과의 관계에 대해 이야기해 보고 어른을 만나면 어떻게 행동해야 하는지 이야기해 본다. 어른들을 만난다고 해도 친하게 지내기 위해서는 어떻게 하면 좋을지 어린이들과 다양한 의견을 나누어 본다.

4. [예시답]
제일 아끼는 장난감, 책, 베개, 이불, 핸드폰, 게임기, 보드게임, 이어폰 등.
[길라잡이]
아이들이 평소 제일 좋아하는 물건이나 혼자 여행갈 때 외로움을 달래줄 수 있는 물건들에는 무엇이 있는지 의견 나누기를 통해 정할 수 있도록 지도한다.

5. [예시답]
반쪽 그림 완성하기, 끝말잇기, 퀴즈내기 등.
[길라잡이]
아이들이 다양하고 기발한 자기만의 놀이 아이디어를 떠올릴 수 있도록 이야기 나누기를 통해 의견을 나누어 본다.

너는 특별하단다

 책을 펴는 아이들(25쪽)

1. [정답]
㉠ 작업장　㉡ 말투　㉢ 특별　㉣ 웅덩이　㉤ 나뭇결
㉥ 목수
[길라잡이]
'작업장'과 비슷한 말로 '일터'라는 단어가 있다. 그러나 '건물'은 사람이 살거나, 일을 하거나 물건을 넣어 두기 위하여 지은 집을 통틀어 이르는 말로서 일터가 아닌 경우도 있다. '말놀이'는 막대기나 친구들의 등을 말로 삼아 타고 노는 아이들의 놀이일 뿐 우리가 입으로 하는 '말'과는 관련이 없다. '특별'은 좋은 의미로 사용하는 데 반해, '저급'은 내용, 성질, 품질의 정도가 낮음을 뜻한다. '함정'은 '웅덩이'와 달리 '짐승 등을 잡기 위해 땅바닥에 땅을 파고 그 위에 약한 너스레를 쳐서 위장한 구덩이'를 뜻하는데, 그 안에 웅덩이가 있을 수도 있고 없을 수도 있다. '나무결'은 '나뭇결'의 비표준어이다. 표준어는 '나뭇결'이다. '목수(木手)'와 비슷한 단어로는 '목공'이 있다. 그러나 '나무꾼'은 나무를 다루기는 해도 산에서 '땔나무를 구하는 사람'을 뜻한다.

2. [예시답]
상을 받았을 때 – 과학 상상화를 잘 그렸다고 상을 받은 적이 있다. 기분이 좋아서 집에 가자마자 엄마한테 자랑하고 칭찬도 받았다. 엄마가 저녁때 피자를 사 줘서 맛있게 먹었다. 앞으로 더욱 잘 그려서 상을 받고 싶고, 다른 것도 잘해서 상을 받고 싶다.
벌을 받았을 때 – 동생과 싸우다가 엄마가 소중히 여기는 도자기를 깼다. 형이라고 동생보다 더 혼나고 손을 들고 벌을 받았다. 억울하고 속상했다. 동생은 덜 혼내고 나만 더 혼내서 화가 났다.

[길라잡이]
자신이 경험한 일과 그때의 기분과 생각을 솔직하게 말할 수 있도록 유도한다. 학습자가 선뜻 이야기하지 않으면 교사나 학부모의 어릴 적 경험을 예로 들어도 좋다. 또 아이들의 기분과 생각에 적절하게 반응해 줄 때 아이들이 솔직한 생각을 표현하는 데 도움이 된다. 아이들의 말에 긍정적인 반응은 항상 지도 효과를 높인다.

 책을 다시 읽는 아이들(26~27쪽)

1. [정답] | 작은 나무 사람
2. [정답]

나뭇결이 매끄럽고 색이 잘 칠해진 웸믹들이 받은 표	나뭇결이 거칠고 칠이 벗겨진 웸믹들이 받은 표
금빛 별표	잿빛 점표

3. [정답] | ①
[길라잡이]
말투가 우스꽝스러운 웸믹은 칭찬받지 못할 만한 일을 한 것이기 때문에 금빛 별표가 아니라 점표를 받았다.

4. [정답] | 잿빛 점표
[길라잡이]
펀치넬로는 하는 일마다 실수를 해서 웸믹들에게 잿빛 점표를 받았다.

5. [정답] | 자신이 좋은 나무 사람이 아니라고 생각했다.
[길라잡이]
웸믹들이 펀치넬로를 보며 점표를 많이 받을 만하고 좋은 나무 사람이 아니라고 수군대는 말을 듣고 자신이 좋은 나무 사람이 아니라는 생각이 들었다. 그래서 점표가 많이 붙은 이들하고만 어울려야 마음이 편할 정도였다.

6. [정답] | 루시아
7. [정답] | 특별하다
[길라잡이]
엘리 아저씨의 펀치넬로에 대한 마음이 담긴 말로, 책의 제목과 관련시켜 생각해 보도록 지도한다.

8. [정답]
펀치넬로의 몸에서 점표 하나가 땅으로 떨어졌다.
[길라잡이]
루시아가 엘리 아저씨를 매일 만나면서 몸에 아무런 표도 없었던 이유를 알게 되는 장면이다. 펀치넬로 스스로 자신이 특별하고 소중한 존재임을 인정하는 순간 일어난 일이다.

책을 깊게 읽는 아이들(28~29쪽)

1. [예시답]
   금빛 별표 : 상을 받는 것, 칭찬하는 것, 예뻐하는 것
   잿빛 점표 : 벌을 받는 것, 꾸중하는 것, 흉보는 것
   [길라잡이]
   별표를 받는 것처럼, 사람들에게 기분 좋은 일이 무엇인지 생각해 본다. 별표는 상을 받는 것이니 칭찬, 예쁘다는 소리를 듣는 것에 해당한다. 그 반대가 바로 잿빛 점표에 해당하는 일들이라는 생각을 이끌어 낸다.

2. [예시답]
   넘어져서 너무 아픈데, 왜 내 설명을 제대로 듣지도 않고 놀리는 거야. 난 잿빛 점표가 싫단 말이야. 아무것도 내게 붙이지 마. 세상에 실수를 안 하는 사람이 어디 있어. 아프고 놀라서 말투가 그렇게 됐는데 왜 놀리는 거야. 너희들도 다치면 그렇게 되지 않을까?
   [길라잡이]
   넘어져서 힘든데 말투가 우습다고 점표를 더 받는 펀치넬로의 마음이 얼마나 힘들지를 상상해 보도록 한다.

3. [예시답]
   점표가 많이 붙은 이들은 자신과 비슷해서 자기를 놀리지 않을 것이라고 생각했기 때문이다.
   [길라잡이]
   놀림을 받고 점표를 많이 받아서 자신이 없는 펀치넬로의 마음 상태를 먼저 이해하도록 한다. 그런 펀치넬로에게 별표가 많은 이들과 점표가 많은 이들 중 누가 더 마음이 편할지 생각해 보도록 한다. 자신과 다른 사람들이 있고 자신과 비슷한 사람이 있을 때 누가 더 편한 사람인지 일반적인 경험에 근거해서 아이들에게 물어 보면 더욱 쉽게 알 수 있을 것이다.

4. [예시답]
   펀치넬로 자신이 점표를 많이 받아 상처받았던 경험이 있다. 따라서 별표를 받은 웸믹은 좋겠지만 점표를 받은 웸믹은 상처를 받아서 옳지 않다고 생각할 수 있다.
   [길라잡이]
   "저건 옳지 않아."라고 혼자 중얼거린 말에 담긴 펀치넬로의 생각을 묻는 질문이다. 지금까지 펀치넬로가 별표와 점표 때문에 겪은 힘든 일들을 생각해 보면 어떤 생각으로 그런 말을 했는지 쉽게 이해할 수 있다.

5. [정답] | ②
   [길라잡이]
   나무 사람인 펀치넬로가 엘리 아저씨네 갔을 때 모든 것이 커서 느끼는 감정이 어떨지 상상해 본다. 그러면 모든 게 너무 커서 눈이 동그래지고 침을 꿀꺽 삼키고 집으로 돌아가려는 상황을 어떤 말로 대신할 수 있을지 알 수 있다. 그래서 정답은 ②이다.

6. [정답] | ⑤
   [길라잡이]
   엘리 아저씨가 펀치넬로를 만들었고 무척 소중히 여기고 있다고 말하면서 펀치넬로에게 어떤 표정을 지을지 상상해 보도록 한다.

 문해력 신장과 PSAT 맛보기(30~31쪽)

1. [정답] | ③
   [길라잡이]
   이 문제는 유비 추론에 근거한 문제라고 할 수 있다. 나무 사람 웸믹의 이야기를 근거로 사람들의 생활에서 일어날 수 있는 사실에 대한 결론을 이끌어 내기 때문이다. 나무 사람의 겉모습이나 행동을 사람의 겉모습이나 행동에 빗대어 이야기하는 것이기 때문에 서로 서로 어떤 경우에 해당하는지 생각해 보도록 지도한다.
   ① '나뭇결이 매끄럽고 색이 잘 칠해진 웸믹'은 얼굴이 예쁜 아이로 볼 수 있다. ② '나뭇결이 거칠고 칠이 벗겨진 웸믹'은 얼굴이 미운 아이로 볼 수 있다. ③ '재주가 뛰어난 웸믹'은 겉모습이 건강해 보이는 알통이 나온 아이와 어울리지 않는다. 따라서 이것이 정답이다. 이런 웸믹은 운동을 잘하거나 고장 난 것을 고치는 능력이 뛰어난 아이에 해당할 것이다. ④ '어려운 단어를 줄줄 외는 웸믹'은 어려운 단어를 줄줄 욀 정도로 공부를 잘하는 아이로 볼 수 있다. ⑤ '넘어져서 나무 몸에 상처가 난 웸믹'은 몸에 상처가 남아 장애를 겪고 있는 아이로 볼 수 있다.

2. [정답] | ④
   [길라잡이]
   이 문제는 문장들의 관계를 통해 개념을 명확하게 이해하는 문제이다. 펀치넬로의 몸에 잿빛 점표가 '많이' 붙어 있는 모습과 관련 있는 흉내 내는 말을 찾아야 한다. ① '듬성듬성'은 매우 드물고 성긴 모양 ② '주렁주렁'은 열매 따위가 많이 매달려 있는 모양 ⑤ '알록달록'은 여러 가지 밝은 빛깔의 점이나 줄 따위가 고르지 않게 무늬를 이룬 모양 ④ '덕지덕지'는 어지럽게 덧붙거나 겹쳐 있는 모양이다. 따라서 이것이 정답이다. ⑤ '얼기설기'는 엉성하고 조잡한 모양을 뜻한다. 따라서 '많이'에 해당하는 단어는 '덕지덕지'라고 할 수 있다.

3. [정답] | ②
   [길라잡이]
   이 문제는 요약을 통해 제목을 붙이는 문제이다. 글 내용은 펀치넬로가 별표를 받고 싶어서 높이뛰기를 하다가 벌어진 행동에 대해 모두 점표를 받게 되는 상황을

표현한 내용이므로 ② 점표만 받는 펀치넬로가 가장 알맞은 제목이다.
① 상처투성이 펀치넬로와 ③ 우스꽝스러운 펀치넬로는 둘 다 펀치넬로가 점표를 받을 수밖에 없는 상황만을 나타내는 제목이다. ④는 설명하기를 좋아한 것이 아니라 왜 넘어졌는지 설명하려고 한 것이고, ⑤는 펀치넬로가 높이뛰기를 좋아하는 것이 아니라 남들처럼 해 보려 한 것이다. 따라서 ④와 ⑤는 내용 자체를 잘못 이해한 제목이다.

책을 내 것으로 만드는 아이들(32~33쪽)

1. **[예시답]**
   금빛 별표 : 시험을 잘 봐서 100점을 받을 때, 동생과 사이좋게 놀았을 때, 그림을 잘 그려서 학교 대표로 대회에 나갈 때 등
   잿빛 점표 : 시험을 지난번보다 못 봤을 때, 동생을 울렸을 때 등
   [길라잡이]
   아이들 자신이 직접 상을 받거나 칭찬을 들은 경험과 벌을 받거나 꾸중을 들은 경험을 생각해 보도록 지도한다.

2. **[예시답]**
   나는 무엇을 잘하지 못해도 특별하다. 엘리 아저씨가 모든 나무 사람을 소중하게 만들어서 모두 특별하다고 한 것처럼 나 자신의 있는 모습 그대로 특별하다.
   [길라잡이]
   엘리 아저씨의 말을 잘 읽고 생각해 보도록 한다. 무엇을 잘 해서 특별한 것이 아니라 소중하고 특별한 사람으로 태어났기 때문에 특별한 사람인 것을 깨닫도록 지도한다. "당신은 사랑받기 위해 태어난 사람" 노래 가사를 불러 주며 자신이 소중하고 특별한 사람인 것을 잊지 않도록 한다.

3. **[예시답]**
   · 나보다 잘하는 아이를 미워하거나 다른 친구에게 욕한다.
   · 그 아이처럼 잘하고 싶은데 잘 안 되어 속상해한다.
   · 더 잘해야겠다고 다짐한다.
   [길라잡이]
   자신도 잘 하고 싶은데 다른 아이가 자기보다 더 잘할 때 어떤 감정이 생기는지 솔직히 말해 보도록 지도한다. 그 감정을 어떻게 겉으로 표현하는지 경험을 이야기하도록 하여 속마음을 이끌어 낸다.

4. **[예시답]**
   펀치넬로야, 잿빛 점표를 너무 많이 받아서 힘들었지. 나도 시험을 못 봐서 엄마한테 혼났을 때 너처럼 힘들었어. 네가 힘들어하는데 친구들이 위로해 주지도 않고 도리어 놀리고 점표를 붙이는 것을 보고 화가 났어. 걱정하지 말고 밖에 나가 봐. 엘리 아저씨가 너를 소중하고 특별하게 만들었다고 하시니까 거기에 가 봐. 분명히 점표가 떨어져 나갈 거야. 나도 혼나고 꾸중을 들으면 너무 속상해서 내가 싫었는데 이제는 그렇게 생각하지 않을 거야. 나도 너처럼 소중하고 특별한 사람이니까. 안녕.
   [길라잡이]
   펀치넬로가 힘들어하는 이유가 점표 때문인 것을 알고, 그것을 극복할 수 있는 방법이 무엇인지 생각해 보도록 한다. 펀치넬로가 힘들어하는 것을 자신의 경험을 통해 이야기하거나 엘리 아저씨의 말을 통해 깨달은 것을 말해 준다.

오늘이

 책을 펴는 아이들(35쪽)

1. [정답]
① 날짐승 ② 달음박질 ③ 문지기 ④ 길짐승
⑤ 탈 ⑥ 단물 ⑦ 동무 ⑧ 이무기

[길라잡이]
'날짐승'은 '조류'를 뜻한다. 그러나 날아다니는 곤충은 날짐승이라고 하지 않는다. 길짐승에는 포유류도 있고 뱀이나 거북이와 같은 파충류도 있으며, 개구리나 도롱뇽과 같은 양서류도 있다. 현대인은 '달음박질'이나 '뜀박질'이라는 단어보다 '달리기'라는 단어를 많이 사용하는데 '달음박질'은 '달리기'보다 갑자기 뛰어나간다는 의미가 강하다. 요즘에 학생들은 '동무'라는 단어보다 '친구'라는 단어를 많이 사용하지만, '어깨동무'라고 할 때의 '동무'가 순 우리말로서 '친구'와 비슷한 의미이다. 그리고 '너는 그게 탈이야' 또는 '탈이 났네'라고 할 때의 '탈'은 일종의 '문제'라고 할 수 있다. 얼굴에 쓰는 '탈'과 달리 문제로서의 '탈'은 나쁜 일을 의미한다. 그리고 소금기가 없는 '단물'은 다른 말로 '민물'이라고도 하고 '이무기'는 전설 속에 등장하는 동물을 의미한다.

2. [예시답]
우리나라 신화에는 건국 신화인 단군신화, 고구려를 세운 동명왕 신화, 제주도 고, 양, 부 씨의 시조 신화인 삼성 신화 등이 있다. 서양에는 고대 그리스인과 로마인들의 신 이야기인 그리스 로마 신화가 있다. 『오늘이』는 『원천강 본풀이』라는 제주도 구전 신화가 원본이라고 할 수 있다.

[길라잡이]
신화는 옛날부터 사람들 입에서 입으로 전해 내려온 신비스러운 이야기를 말한다.

 책을 다시 읽는 아이들(36~37쪽)

1. [정답] | 옛날 옛적
2. [정답]
지나가는 사람들이 오늘 만난 아이라고 해서 '오늘이'라 불렀다.
3. [정답] | 원천강 부모궁
4. [정답] | 깊이

[길라잡이]
이 문제는 깊이라는 단어의 맞춤법을 알게 하기 위한 것이기도 하지만 책을 읽을 때 집중해서 읽었는지를 알아보기 위한 문제이다.

5. [정답]

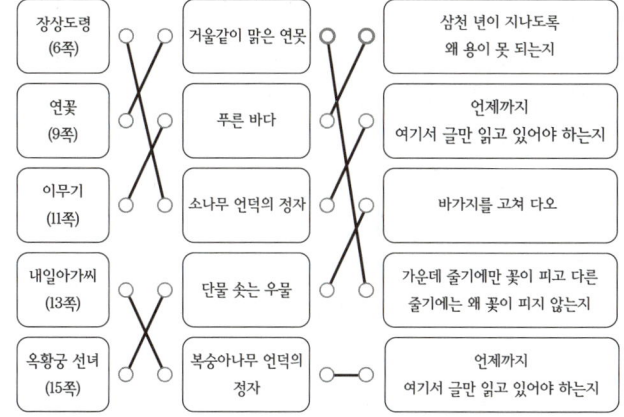

[길라잡이]
누가 어떤 곳에서 무슨 부탁을 했는지를 정확하게 알아본다.

6. [정답]
세 이레 스무하루, 스무하루, 세 이레, 21일

[길라잡이]
본문에는 '스무하루'라고 나온다. 그러나 간혹 다른 출판사의 다른 책에는 '세 이레'라고 나오는 경우도 있다. 그러므로 아이들에게 두 가지 모두 이야기해 줄 필요가 있다.

7. [정답]
하늘나라 옥황궁에 올라가 선녀가 되었다.

책을 깊게 읽는 아이들(38~39쪽)

1. [예시답]
*백주할머니는 어떻게 아셨을까?
*백주할머니는 왜 이제 얘기해 주실까?
*부모님은 왜 나를 찾지 않았을까?
*내게도 부모님이 계시는구나.
*두루미, 꾀꼬리, 노루와는 이별
*백주할머니가 고맙다.
*빨리 부모님을 만나고 싶다.
*이제 나를 돌봐 줄 이가 생겼다.
*이제 혼자가 아니다. 등.

[길라잡이]
어떤 생각도 가능하지만 이야기의 흐름에 맞는 생각인지를 판단해야 한다.

2. [예시답]
*오늘이는 배가 고프지 않았겠다.
*오늘이는 춥지 않았겠다.
*길짐승, 날짐승이 고맙다.
*나도 다른 사람들을 도와줘야겠다.
*나도 동물들을 도와줘야겠다.

[길라잡이]
아이들은 짐승, 날짐승이 무엇인지를 궁금해할 수 있으므로 이를 알려 준다. **길짐승**은 노루, 멧돼지, 호랑이, 사자, 소(백주할머니가 탄 동물) 등 땅에서 사는 동물들이고 **날짐승**은 꾀꼬리, 두루미, 학, 까치 등 날 수 있는 동물들이다. 어려움에 처한 이를 도와야 함을 알게 한다. 내 주변에 어려움을 겪는 이들이 있는지를 알게 한다. 이 내용은 꼭 의식주에 관한 것만이 아니라 동식물도 포함되고 준비물을 안 가져온 친구에게 준비물을 빌려주는 경우도 해당된다.

3. [정답] | 보라색, 노란색, 파란색

4. [예시답]
부드러운 말투, 부탁하는 말투, 정중한 말투, 공손한 말투, 상냥한 말투 등
[길라잡이]
감사한 마음을 표현할 때는 상대가 기분이 상하지 않도록 짜증스런 말투나 화가 난 말투, 명령하는 말투보다는 부드럽고 공손하게 말해야 한다는 것을 알게 한다.

5. [예시답] | 둘 다 욕심이 많았다는 점이 공통점이다.
[길라잡이]
자신에게 가장 소중한 것을 다른 사람에게 줄 수 있는 마음이 있어야 한다. 가운데 줄기에 핀 꽃을 남에게 주었더니 다른 줄기에도 꽃이 피었고, 이무기는 두 개의 보물구슬을 오늘이에게 주었더니 용이 되어 하늘로 날아갔다. 이것은 자기 욕심만을 생각하지 않고 중요한 것은 다른 사람들과 나누어 가져야 함을 의미한다.

6. [예시답]
모험심이 강한 성격, 낯선 이들에게도 길을 물어보는 적극적인 성격, 낯선 이들이 알려 준 것에 대해 감사할 줄 아는 성격, 바가지를 고쳐 달라는 부탁을 기꺼이 들어주는 착한 성격, 낯선 이와 낯선 길을 무서워하지 않는 성격, 말을 잘 듣는 성격 등.
[길라잡이]
지문을 근거로 이야기할 수 있는 성격이라면 어떤 것이어도 좋다.

7. [정답] | 스무하루

 문해력 신장과 PSAT 맛보기(40~41쪽)

1. [정답] | ②
[길라잡이]
이 문제는 원고지의 퇴고와 관련이 있는 문제이다. '가리키다'와 '가르치다'를 알맞게 사용하기 위한 정확한 어휘력을 알아보는 문제이다.

*__가리키다(동사)__ – 손가락 따위로 어떤 방향이나 어떤 대상을 특별히 정해서 알리거나 나타낼 때 쓰인다. (주로 '가리켜'로 쓰인다.)

*__가르치다(동사)__ – 지식이나 정보 등 모르는 것을 알게 한다. 학습을 지도하는 것(주로 '가르치는','가르친'으로 쓰인다.)

여기서는 모르는 것을 알려 주는 것이기 때문에 '가르쳐'를 써야 한다. 따라서 정답은 ②이다.

2. [정답] | ③
[길라잡이]
이 문제는 문장들의 관계를 생각하여 결과를 추론하는 추론 문제이다. 지문에는 '연꽃과 보물구슬을 얻으면 옥황궁의 선녀가 될 것'이라고 했다. 그런데 '이무기는 구슬을 오늘이에게 주었고, 연꽃도 꽃을 오늘이에게 주었'으니 당연히 '오늘이가 둘 다를 얻었다'고 할 수 있다. 그러므로 오늘이는 옥황궁의 선녀가 될 수밖에 없다. 따라서 정답은 ③이다. '하늘의 별'이 된다거나 '옥황궁의 왕비'가 된다거나 '용들의 어머니'가 된다는 말은 지문을 근거로 해서는 나올 수 없다. 그리고 구슬을 두 개나 얻었으니 '부자'가 되었을 것이라고 추측할 수 있으나 그것은 모르는 일이다. 따라서 ①, ②, ④, ⑤는 정답이 아니다.

3. [정답] | ②
[길라잡이]
단어의 개념을 정확하게 알고 활용할 수 있을지를 측정하는 문제이다. 지문에서의 '탈'은 욕심을 내어 문제가 됐음을 뜻한다. 쉬운 말로 '문제'라고 할 수 있다. 이런 뜻으로 사용된 단어는 ②의 '탈'이다. 따라서 이것이 정답이다. 부연하면 "나 혼자 다 가진 것이 탈이었어." 라는 말은 그것이 '문제였어' 또는 '문제가 되었어'라고 바꾸어도 된다는 것이다.
① 물건이 불에 타서 없어진다는 뜻.
② 욕심을 낸 것을 말함.
③ 가면을 말함.
④ 무엇에 올라 탄다는 뜻.
⑤ 정해진 몫을 받다는 뜻.

 책을 내 것으로 만드는 아이들(42~43쪽)

1. [예시답]
*인생 경험이 많은 분
*지혜로운 분
*가진 것을 나눠 주려는 분
*자녀와 손자들을 사랑하는 분
*우리가 돌봐 드려야 할 분
[길라잡이]
"백주"에서 '백'은 성이고 '주'는 이름일 수 있다. 다른 책

에서는 '백씨'할머니라고 나와 있기도 하다.

2. [예시답]
   *부모를 꼭 만났으면 좋겠다.
   *자신들의 부탁에 좋은 소식을 갖고 왔으면 좋겠다.
   *모험을 포기하지 않고 꼭 이루었으면 좋겠다는 생각 등

3. [예시답]
   행복하다. 즐겁다. 평화롭다. 신기하다. 아름답다. 신선하다. 신난다. 예쁘다. 멋있다. 한가롭다. 오늘이가 부럽다. 나도 해 보고 싶다.
   [길라잡이]
   해야 할 일이 많은 요즘 아이들로서는 책의 내용처럼 해 보고 싶기도 할 것이다. 동물을 키워 보고 싶은데 주거 여건이나 부모님의 반대로 그렇지 못하는 요즘 아이들에겐 짐승들과 노는 장면은 부럽기도 할 것이다. 실제로 집에서 동물을 키우는 친구들을 부러워하는 친구들도 있을 것이다.

4. [예시답]
   *잠 욕심, *음식 욕심, *남의 것을 탐내는 욕심,
   *물건 욕심(옷, 신발, 가방, 더 쓸 수 있는데도 새로운 학용품 구입하는 것)
   [길라잡이]
   욕심을 줄이면 줄인 만큼 더 행복해진다는 말을 해 주면 좋다.

5. [예시답]
   컴퓨터 자격증, 한자 시험 자격증, 토익 자격증, 책 100권 읽기, 반에서 1등 하기 등
   [길라잡이]
   요즘 아이들은 학교와 학원 공부 외에도 취미, 특기까지 살려야 하니까 해야 할 것이 많다. 그런 중에도 미래의 성공을 위해 현재의 힘든 것을 참고 노력을 하는 아이들이 있다.

6. [예시답]
   나는 말리고 싶다. 왜냐하면 세상이 험하기 때문이다. 더 크면 부모님이 찾아올 것이라고 말해 주고 싶다. / 나는 꼭 찾기를 바란다고 말하고 용기를 북돋아 줄 것이다. / 부모님이 많이 보고 싶다는 생각에 응원과 더불어 내가 도와줘야 할 일이 있는지를 물을 것이다.
   [길라잡이]
   요즘은 예전 같지 않게 아이들이 안전하게 지낼 곳이 없을 정도이고 혼자서 외출을 하는 것은 더더군다나 위험한 현실이다. 아이들이 낯선 사람의 요청을 들어주지 않고 친구들과 같이 동행하도록 지도한다.

책 씻는 날

책을 펴는 아이들(45쪽)

1. [정답]

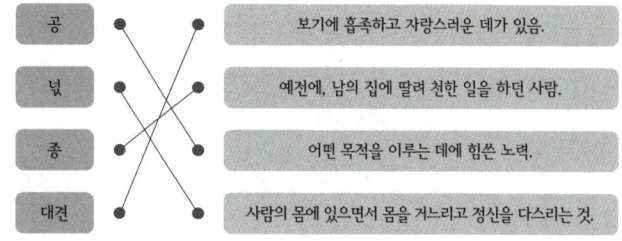

2. [정답]
   ① 저잣거리 ② 군자 ③ 선비 ④ 훈장 ⑤ 사랑채
   ⑥ 책씻이 ⑦ 경단

책을 다시 읽는 아이들(46~47쪽)

1. [정답] | 몽담이

2. [정답]
   몽담이가 공부를 배우는 데 있어 둔함에도 불구하고 포기하지 않고 공부를 열심히 해서.
   [길라잡이]
   몽담이의 아버지는 포기하지 않고 끊임없이 노력하는 몽담이를 대견해하고 있다.

3. [정답] | 노자

4. [정답] | ⑤
   [길라잡이]
   몽담이는 깨칠 때까지 읽겠다고 다짐하고 있다.

5. [정답]

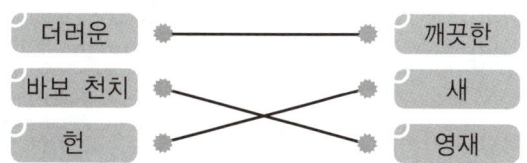

   [길라잡이]
   아이들의 어휘력과 사고력을 높여 주기 위해 책 속에서 반대말, 비슷한 말 등을 찾아보도록 한다.

6. [정답] | 천자문
   [길라잡이]
   한문을 배울 때 가장 먼저 기본으로 배우는 책이 『사자소학』과 『천자문』이다. 아이들과 함께 책의 그림을 보고 '하늘 천, 땅 지, 검을 현, 누를 황'을 함께 큰소리로 따라 해 보도록 하며 옛날에는 이렇게 한자를 배웠다고 알려 주는 것도 좋다.

7. [정답]
   아무것도 모르는 무식쟁이라는 뜻인 줄 알고

[길라잡이]
몽담이는 자신이 아는 것이 없어서 '없을 무(無)'자를 받았다고 오해하고 속상해한다.

8. [정답]
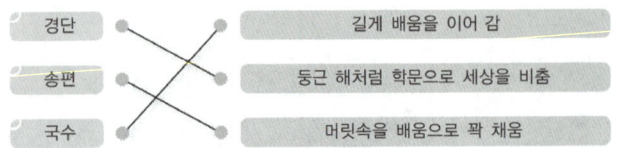

9. [정답]
① '꿈 몽'자와 노자의 이름 '담'자를 따서 몽담이라는 이름을 지었다.
② 책을 정말 열심히 읽고 책에 필기하고 밑줄을 쳐서
[길라잡이]
아이들이 부담을 갖지 않도록 입말로 말하게 한다. 아이들이 대답을 잘하지 못할 경우에는 '겨울이라 춥다.', '봄이 와서 따뜻해졌다.', '보일러를 켜서 따뜻하다.' 등 짧은 문장으로 원인과 결과를 찾는 것을 파악하도록 한다.

책을 깊게 읽는 아이들(48~49쪽)

1. [예시답]
슬퍼하거나 우는 몽담이의 얼굴을 그리면 된다.
[길라잡이]
등장인물의 마음을 알기 위해서는 그 인물의 입장이 되어 생각해 보도록 한다. 아이들이 주인공이나 다른 사람의 감정을 이해하고 표현할 수 있도록 한다.

2. [예시답]
큰 그릇을 만드는 일이 작은 그릇을 만드는 일보다 훨씬 어렵고 시간이 많이 걸리듯이 큰 인물, 훌륭한 인물이 되려면 많은 노력이 필요하다는 의미예요.
[길라잡이]
아들을 믿는 마음과 장기적인 안목에서 아들의 능력을 생각하는 아버지의 긍정적인 사고가 엿보이는 대목이라고 할 수 있다.
[도움글]
대기만성(大器晚成)
큰 그릇을 만들 때는 작은 그릇을 만들 때보다 오랜 시간과 노력이 드는 것처럼 크게 될 사람은 쉽지 않게 늦게 이루어짐을 뜻하는 사자성어

3. [예시답]
시간이 많이 지나감을 뜻한다.
[길라잡이]
띠를 나타내는 그림들을 그렸다는 것은 세월이 지나간다는 것을 의미한다.

4. [예시답]
· 몽담이는 슬퍼하며 공부를 하지 않게 될 것이다.
· 몽담이는 게으른 아이가 되었을 것이다.
[길라잡이]
훌륭한 인물 곁에는 항상 그 인물을 올바로 이끌어 준 멘토(스승)가 있기 마련이다. 몽담이가 어른이 되어 훌륭한 인물이 된 것은 옆에서 믿고 지켜 준 아버지와 훈장님 같은 분들이 있었기 때문이다.

5. [예시답]
① 닭은 날마다 가장 먼저 새벽을 알리는 동물이기 때문에 닭처럼 변함없이 항상 제 시간에 오라는 의미로 주신 것이다.
② 소는 느긋하고 우직하기 때문에 서두르지 말라는 의미로 소 '우(牛)' 자를 주신 것이다.
③ 머리가 좋다는 것을 믿고 게을러지는 것을 염려해서 부지런할 '근(勤)' 자를 주신 것이다.
[길라잡이]
일단 아이들과 닭과 소가 우리 인간에게 해 주는 일이나 닭과 소의 특성에 대해 함께 이야기를 나눈다. 그리고 그 특성을 파악하여 닭은 매일 새벽을 알리고, 소는 농사를 짓는 데 도움을 주며 행동거지가 느릿하지만 우직하다는 이야기를 나누어 본 후, ① ②의 문제를 풀게 하도록 한다.

6. [예시답]
포기하지 않고 성실하게 노력했기 때문입니다.
[길라잡이]
김득신의 묘비명 중 일부를 아이들과 함께 읽어 보며 이야기를 나누어 보는 것도 좋을 것이다.

아이들을 위한 PSAT와 LEET(50~51쪽)

1. [정답] | ③
[길라잡이]
사실 부합 여부를 묻는 문제이다 ① 몽담이는 공부를 잘하지 못한다. 그러니까 외삼촌이 활쏘기와 말 타기를 가르치라고 했다. ② 몽담이는 쉼 없이 공부하고 있고 ④ 아버지는 공부를 포기하지 않는 몽담이를 오히려 대견스러워하고 있다. ⑤ 몽담이의 외삼촌은 몽담이가 공부는 아니니까 활쏘기나 말 타기를 가르치라고 말한 것을 근거로 활쏘기와 말 타기에 더 소질이 있다고 생각한다고 말할 수 있다. 하지만 ③은 사실이 아니다. 몽담이는 귀를 막았지만 아버지의 말을 듣고 몽담이가 운 것으로 보아 외삼촌과 아버지의 대화를 다 들었다고 할 수 있다. 따라서 ③이 정답이다.

2. [정답] | ③
[길라잡이]
지문은 몽담이의 아버지가 몽담이에게 들려주는 이야기이다. 이 글의 핵심은 몽담이 아버지가 꿈속에서 노자를 만났기 때문에 아들의 이름을 몽담이라고 지었다는 것이다. 그러므로 정답은 ③이다. ①은 노자와 몽담이는 이름 말고는 관계가 없기 때문에 정답이 아니다. ②는 꿈에서 노자를 만났기 때문에 아버지가 몽담이라는 이름을 지었을 뿐이라고 말하는 것이다. 다시 말하면 몽담이라는 이름의 풀이라고 할 수 있다. 그래서 ②도 정답이 아니다. ④ 또한 마지막 문장에서 몽담이 아버지는 몽담이의 성공을 의심한 적이 없다고 했기 때문에 전혀 정답이 아니다. ⑤의 경우 몽담이 아버지는 몽담이가 학자로 이름을 떨칠 것이라는 믿음을 이야기하고 있으나 아버지의 믿음이라고 해도 그것의 근거가 꿈뿐이기 때문에 적당한 제목이 아니다. 따라서 ⑤역시 정답과 거리가 멀다.

3. [정답] | ②
[길라잡이]
이 문제는 지문 속에 담긴 의미를 파악하는 문제이다. 한마디로 함축된 의미를 생각해 보는 문제라고 할 수 있다. 문해력은 함축된 의미 파악과 많은 관련이 있다. 교우투분(交友投分)은 벗을 사귈 때는 의기투합(意氣投合)해야 한다는 것이다. 서로 마음이 맞아야 한다는 의미이다. 따라서 ①과 ⑤는 정답이 아니다. 편벽하거나 말만 번드르하거나 말을 잘 둘러대는 사람은 나 자신의 공부나 덕행을 방해하고 옳지 못한 길로 인도할 수 있다. 따라서 이런 친구로는 적절하지 않다. 절마잠규(切磨箴規)는 모두가 학문과 덕행을 갈고 닦을 뿐만 아니라 서로 덕(德)으로써 사람의 품성이나 도덕을 길러 좋은 길로 나가도록 해야 한다는 뜻이다. 따라서 친구가 옳은 길로 가지 않으면 충고나 쓴소리도 할 줄 알아야 한다. 따라서 ③도 정답이 아니다. 이때 '절마(切磨)'는 '절차탁마(切磋琢磨)'를 줄인 단어인데, '절차탁마'는 일반적인 돌로 보이는 옥석(玉石)을 자르고 갈아서 보석으로 만드는 것처럼, 사람도 바른 규격대로 자르고 갈고 닦는 데 혼신의 힘을 다해야 한다는 뜻이다. 따라서 ④도 정답이 아니다. 사람도 학문과 덕행을 닦아 큰 뜻을 이루도록 해야 한다. 그런데 지문의 의미에는 자기보다 못한 사람을 친구로 사귈 줄 알아야 한다는 말이 포함되어 있지 않다. 자기보다 못한 사람을 보았을 때 잘 대해 줄 필요가 있을지는 몰라도 친구로 사귀어야 한다는 의미는 들어 있지 않다. 그런 사람과는 의기(意氣)를 나누면서 의기투합하기 어렵기 때문이다. 따라서 정답은 ②이다.

 책을 내 것으로 만드는 아이들(52~53쪽)

1. [예시답]
· 남북한 통일이 어렵다고 말하는 사람들이 많았다. 그러나 남북한은 통일이 되었다. 나는 힘을 조금 보탰을 뿐이다.
· 나는 항상 어제보다 오늘 조금씩 나아졌다. 마침내 큰 부자가 되었다. 천리 길도 한 걸음부터이다.
[길라잡이]
어떤 내용이어도 좋다. 자신의 목표가 담겨 있다면 그것으로 충분하다.

2. [예시답]
글쓰기, 그림 그리기, 운동, 수학 문제 풀기 등등
[길라잡이]
주인공 몽담이와 아이들의 공통점을 발견하도록 아이들이 평소에 잘하고 싶은 것임에도 불구하고 잘하지 못하는 것에 대하여 이야기하도록 한다.

3. [예시답]
독서, 수학, 글쓰기, 그림 그리기, 운동, 심부름 등등
[길라잡이]
공부나 예체능뿐만 아니라 부모님 말씀을 잘 듣는다거나 동생을 잘 돌본다든가 친구와 사이좋게 지내는 일 등 인성적인 측면에서 볼 때 잘하는 것도 의미 있는 것이라고 칭찬해 준다.

4. [예시답]
· 몽담아, 너무 속상해 하지 마. 네가 성실하게 공부하니까 언젠가는 훌륭한 인물이 될 거야.
· 노담아, 공부를 잘하는 아이보다 공부를 포기하지 않고 열심히 하는 네가 더 멋있어.
[길라잡이]
아이들이 몽담이의 입장을 이해하고 격려할 수 있게 한다.

5. [예시답]

친구이름	성적표 내용	이유
유재식	시계	독서 논술 시간에 항상 제 시간에 맞춰서 잘 오니까
박명순	책	아는 것이 많은 친구여서
김서영	개그맨	친구들을 재미있게 해 주는 친구여서

[길라잡이]
아이들에게 예시답을 보여 주며 문제를 푸는 요령을 알려 준다. 아이들이 이 문제를 풀면서 같이 공부하는 친구에게 관심을 가지고 서로 칭찬하는 시간을 갖도록 한다.

마법의 설탕 두 조각

책을 펴는 아이들 (55쪽)

1. [예시답]

 알라딘의 요술 램프, 마법사, 마녀, 신데렐라의 마차, 해리포터, 피터 팬의 팅커벨 등

 [길라잡이]

 '마법' 하면 떠오르는 단어를 자연스럽게 이야기해 본다. 책에서 읽은 내용, 영화나 다른 매체를 통해서 알게 된 마법에 대한 이미지나 다양한 내용들을 이야기해 보고 서로의 생각을 나누도록 한다.

2. [예시답]

고	정	스	휴	가	결	문	사	문	정	문	장
결	민	카	스	정	책	장	장	패	어	어	식
속	핍	펫	누	리	양	심	어	식	라	비	리
통	조	림	요	코	르	크	마	개	장	수	참

 [길라잡이]

 1분 정도에서 단어를 찾아서 복주머니에 단어를 제일 많이 채우는 사람이 이기는 진행 방식으로 게임을 한다. 마법의 설탕 두 조각에서 나오는 단어들을 떠올려 보며 단어를 찾을 수 있도록 지도한다.

3. [예시답]

 ▶ 내가 여행을 가고 싶은 곳 – 바다
 ▶ 부모님이 가고 싶은 곳 – 산
 ▶ 해결 방법– ① 가고 싶은 곳이 다른 경우에 의견을 조율하기 위해서 작년에 여행 간 곳이 산이라면 이번에 바다를 가자고 이야기를 해 본다.
 ② 다른 방법으로는 게임을 해서 이긴 사람의 의견에 따르기로 하는 방법을 제안해 본다.
 ③ 바구니에 여행 장소를 적어 놓은 쪽지로 눈감고 뽑기 등 다양한 방법을 시도해 본다.

 [길라잡이]

 가정에서 어떤 결론을 내려야 할 때 가족들의 의견이 서로 다를 경우, 먼저 서로가 원하는 것이 무엇인지를 알아야 한다. 그러면서도 서로를 배려하면서 가족 모두가 (대부분이) 원하는 결정이 무엇인지 함께 생각해 본다. 자신의 의견을 편하게 이야기하게 한다.

책을 다시 읽는 아이들 (56~57쪽)

[1~9의 길라잡이]

책을 읽고 나서 내용을 확인하며 전체적인 흐름을 알 수 있도록 지도한다.

1. [정답]

 렝켄은 부모님이 자신의 의견을 들어주지 않아 고민이었다.

2. [정답]

 렝켄은 참고 지낼 수 없다고 생각하여 요정을 찾아가기로 한다.

3. [정답]

 그 설탕을 먹은 다음부터는 렝켄의 말을 들어주지 않을 때마다 부모님은 원래의 키에서 절반씩 줄어들었다.

4. [정답]

 현관문이 잠겼는데 열쇠를 가지고 나오지 않았고 키가 작아진 부모님은 장식장 안에 있었다. 문을 열어 줄 수 있는 사람이 아무도 없어서 두려운 생각이 들었다.

5. [정답]

 부모님이 작아지기 이전 시간으로 되돌리기 위해.

6. [정답]

 요정이 준 설탕을 렝켄이 먹으면 부모님이 설탕 먹기 전의 시간으로 돌아간다.

7. [정답]

 그림의 순서 : ① → ③ → ④ → ⑤ → ②

8. [정답]

 설탕은 몸속에 들어 있는 동안만 영향을 미칠 수 있는 거라서 렝켄의 몸에서 녹아서 빠져 나갔을 거라서 이젠 거역해도 괜찮을 거라고 말한다.

9. [정답]

 여러 가지 문제를 일으킨 요정이지만 고마운 마음으로 기억했다.

책을 깊게 읽는 아이들 (58~59쪽)

1. [예시답]

 부모님이 이제는 자기 말을 들어 줄 거라 생각하며 설탕을 넣었을 것이다.

 [길라잡이]

 렝켄은 고민 끝에 요정을 찾아갔고 그녀에게서 받은 설탕 두 개를 부모님의 찻잔 속에 넣기까지 많은 과정이 있었다. 과연 부모님이 자신이 바라는 대로 될지 여러 가지 생각도 들었을 것이다. 앞으로 일에 대한 기대와 바람대로 렝켄이 생각하는 것을 떠올려 보도록 지도한다.

2. [예시답]

 〈부모님의 마음〉
 · 다친 렝켄이 걱정이 된다.
 · 자신들을 작게 만든 렝켄에게 화가 나 있는데 다치기까지 하니 더 속상해 한다.

- 작아진 우리가 무엇을 할 수 있을까 고민이 되고 답답해진다.

〈렝켄의 마음〉
- 혼자서 잘 할 수 있다고 생각했는데 다치게 되니 두려운 생각이 든다.
- 부모님 도움이 필요함을 느끼고 부모님을 작게 만든 것을 후회한다.
- 부모님 의견이 아닌 자신의 말대로 잘될 거라 생각했는데 뜻대로 안되니 속상해한다.

[길라잡이]
자신의 고민을 해결했다고 생각한 렝켄에게 처음으로 닥친 시련이다. 혼자서 뭐든지 할 수 있고 부모님이 작아져서 자기 마음대로 할 수 있다고 생각한 렝켄, 그에 비해 작아진 몸으로 불편해 지고 당황스러운 부모님, 그 각자의 입장을 잘 생각해 보고 그 입장이 되어 마음을 추측해 볼 수 있도록 한다.

3. [예시답]
- 처음부터 부모님이 렝켄의 말을 조금이라도 들어 주었다면 요정을 찾아갈 일은 없었다.
- 요정을 찾아간 렝켄에게도 잘못이 있는데 부모님의 탓으로 돌리는 건 잘못이다.
- 누구의 탓을 하는 것이 아니라 왜 그런 일이 일어났을까? 하고 다시 생각해 봐야 한다.

[길라잡이]
책에서는 렝켄은 부모님이 자신의 의견을 존중해 주고 그대로 행해 주었다면 요정을 찾아갈 일은 없었고, 따라서 부모님을 작게 만들 일이 없었다고 생각하고 있다. 렝켄처럼 생각할 수도 있지만 누구의 탓을 하기 전에 먼저 자신을 돌아보고 생각해 보며 잘못한 일이 있다면 반성하며 그것을 개선하기 위해 노력하는 방향이 되도록 지도한다.

4. [예시답]
렝켄이 부모님처럼 작아질 것을 각오하고 설탕을 먹어야 할 만큼 중대한 결심을 해야 한다는 것이다.

[길라잡이]
요정이 말한 비싼 값은 간단히 시간을 되돌리는 것만을 의미하는 것이 아니다. 렝켄이 처음 설탕을 부모님에게 먹이고 모든 것이 잘 해결된 것이 아닌, 다시 처음으로 시간을 되돌리고 싶은 마음이 들도록 그동안 겪었던 지난 힘든 시간들도 포함된다고 볼 수 있다. 두 번째로 설탕을 렝켄이 먹게 되면 부모님처럼 작아질 수도 있다는 두려움이 있지만 시간을 되돌리기 위해 그러한 두려움도 이길 수 있는 결심이 필요한 것임을 알려준다.

5. [예시답]
렝켄이 원하는 건 부모님이 자신의 얘기를 조금 더 들어 주고 그 의견대로 함께 해 주길 바랬을 것이다.

[길라잡이]
자신이 부모님에게 원하는 것이 무엇인지 생각해 보고, 렝켄의 입장에서는 진정 원하는 것이 무엇인지 찾아보도록 지도한다.

 책을 내 것으로 만드는 아이들(60~61쪽)

1. [예시답]
- 저는 키가 커지는 각설탕을 가지고 싶어요.
- 어른으로 변하고 싶어요. 어른이 되어서 해 보고 싶은 걸 마음껏 해 보고 싶어요.
- 똑똑해지는 각설탕을 가지고 싶어요.
- 예뻐지는 각설탕을 가지고 싶어요.

[길라잡이]
책에 나오는 각설탕은 부모님을 변화시키는 각설탕이었다. 자신이 바라는 것을 변화시켜 줄 각설탕이라면 어떤 것을 바꾸려고 하는지 편하게 이야기하도록 지도한다.

2. [예시답]
내가 렝켄이라면 설탕을 먹었다고 무조건 부모님 말씀을 듣는 게 아니라, 내가 하고 싶은 것을 말하고 만약에 나의 키가 작아진다면 부모님께 작아진 이유에 대해 설명하고 문제를 해결하기 위해 같이 노력할 것이다. 작아지지 않으면 이젠 부모님을 설득하기 위해 좋은 다른 방법을 더 생각해 볼 것이다.

[길라잡이]
렝켄은 이번에 자신이 설탕을 먹은 뒤에 고민을 하고 있다. 시간을 처음으로 되돌리기 위해 요정의 말대로 설탕을 먹은 거지만, 부모님의 말씀을 듣지 않으면 키가 작아질 거에 대한 두려움과 다시 상황이 나빠질지도 모른다는 염려로 이러지도 저러지도 못하는 상황이다. 렝켄의 입장에서 문제를 해결하기 위한 좋은 방법은 없는지 함께 생각해 볼 수 있도록 지도한다.

3. [예시답]
1단계 6개 단어 : 인내, 사랑, 대화, 공감, 소통, 배려
2단계 3개 : 사랑, 소통, 공감
3단계 2개 : 사랑, 소통
4단계 1개 : 소통

[길라잡이]
여기에 쓰여 있는 단어 말고도 다른 단어를 써도 괜찮다. 아이들이 가족 관계에서 필요로 하는 것이 무엇인지 생각해 보고, 어떤 점을 가장 중시하는지 알아보는 문제이다.

15

아이마다 중시하는 단어를 단계마다 다 고르게 한 뒤에, 발표를 통해 자신의 생각을 정리해 볼 수 있도록 지도한다.

4. [길라잡이]
   ▶ 상황 : 휴가 여행지에서 돌아오는 길에 휴게소에서 부모님과 식사 후 아이스크림을 먹으려 하는데 못 먹게 하니 속상한 마음이 들었다.
   ▶ 해결 방법 : 날씨가 덥기 때문에 더워서 힘들다는 제스처를 보이고 부모님께 애교를 부린다.
   ▶ 이유 : 날씨가 덥기 때문에 시원한 걸 먹고 싶은 나의 마음을 잘 설명하면 부모님도 그 마음을 아실 거다. 아이스크림을 한 개로 정해서 먹기로 하면 배탈 나는 일이 없다는 걸로 설득하겠다.

   [길라잡이]
   자신의 경험을 토대로 자연스럽게 이야기하도록 한다. 상황은 다르지만 문제를 어떻게 해결했는지 아이들이 자유롭게 이야기하도록 지도한다.

문해력 신장과 PSAT 맛보기(62~63쪽)

1. [정답] | ④
   [길라잡이]
   지문 속의 내용을 살펴보고 그에 따른 결과를 추론하는 문제이다. 렝켄이 부모님이 자신이 원하는 걸 들어주고 다정하게 대해 주길 바라는데 그런 일이 거의 없다는 게 렝켄의 고민이다. ④는 이 고민을 해결하기 위해 렝켄은 요정을 떠올린 것이다. 그래서 요정을 찾아가기로 한다. 따라서 ④가 정답이다. ①은 요정을 찾아가기로 결심한 뒤의 일로 요정을 찾는 행위 중의 하나이다. ②와 ③은 렝켄이 요정을 두 번째로 찾아간 뒤의 일이다. ⑤는 렝켄이 요정에게서 받아온 설탕을 찻잔 속에 넣기 전의 장면이다.

2. [정답] | ⑤
   [길라잡이]
   지문을 읽고 전체적인 내용에서 핵심적이고 직접적인 원인을 찾는 문제이다. 지문은 렝켄이 요정을 찾아가고 마법의 설탕 두 조각을 먹은 아빠 엄마가 렝켄의 말을 듣지 않을 때마다 키가 절반씩 줄어들게 되는 내용 중의 하나를 담고 있다. ①은 엄마 아빠가 잘못해서 렝켄이 요정을 찾아간 것이지만 키가 절반으로 줄어든 직접적인 원인은 아니다. ②도 정답과는 거리가 멀다. 설탕을 먹고 렝켄의 말을 듣지 않았기 때문에 아빠의 키가 줄어든 것이지 아빠가 소인국에서 왔기 때문에 키가 작아진 것이 아니다. 더 나아가 지문에는 아빠가 소인국에서 왔다는 내용은 없다. ③은 필요조건일 뿐 충분조건은 아니다. 렝켄이 찻잔 속에 설탕을 넣었다고 해도 차를 마시지 않았다면 부모님의 키는 줄어들지 않았을 것이다. 그리고 차를 마셨다고 해도 아빠가 렝켄의 말을 들었다면 아빠의 키는 줄어들지 않았을 것이다. 따라서 ③도 가장 적절한 원인은 아니다. ④는 서로 다른 행동이라고 해도 부모님이 렝켄이 하고 싶은 대로 하게 했기 때문에 정답은 아니다. 그런데 ⑤는 렝켄과 아빠의 의견이 달랐고 렝켄이 하고 싶은 대로 하지 못했기 때문에 아빠의 키가 줄어든 것이다. 이것이 직접적인 원인이라고 할 수 있다. 따라서 정답은 ⑤이다.